スクール
セクハラ

なぜ教師のわいせつ犯罪は
繰り返されるのか

池谷孝司

幻冬舎

スクールセクハラ

なぜ教師のわいせつ犯罪は繰り返されるのか

はじめに

「学校でそんなことが許されていいはずがない」という強烈な怒りに突き動かされて、私は学校で起きる性被害「スクールセクハラ」の取材を続けてきた。

最初に被害者の悩みを直接聞いたのは、もう十年以上も前になる。教育関係の仕事に携わる二十代の横山智子さん（仮名）から重い告白を受けた。「高校生の時、担任の教師に乱暴されたんです」。まだ男性とキスすらしたことがなかったという。

その告白を聞いたころ、智子さんは大学を卒業して働き始めたばかりだった。つらい経験をした高校二年生の日から彼女の人生は大きく狂った。見た目は幼い印象も受ける可憐《かれん》な女性だが、内面は嵐が吹き荒れ、それを抑え込みながら学び、そして働いていた。三十代になった今でも両親には内緒だ。「心配させたくないから、一生話さないと思います」と言う。

「M教師」という言葉がある。教育の世界で「問題教師」を意味する隠語だ。智子さんが私に打ち明けてくれたきっかけは、共同通信社会部教育班の記者として学校現場の取材を続けていた私がたまたま彼女にそういったM教師の話をしたことだった。私とは直接の利害関係が何もないことが大きかったのかもしれない。ある意味、気軽に打ち明けられたのだろう。

告白を聞いて、私はおずおずと一つの提案をした。「記者として、私がその教師を取材することもできますが」。智子さんは複雑な表情を見せた。怖いのだ。もちろん、「あの憎い男をやっつけたい」という思いはある。「誰かにこのつらさを知ってほしい」という思いもある。しかし、逆恨みされて復讐《ふくしゅう》されたら。狭い田舎でうわさが広まったら。職場の人間に知られてしまったら……。だから、ごく親しい友達にしか話してこなかった。とりあえず、男の名前だけ教えてもらって、その日の話は終わった。

調べると、五十代になった男は別の県立高校で教師を続けていることが分かった。「その男は今日も教室にいる。今も同じことを繰り返しているかもしれない。次の被害を防ぐためにも、取材をするのは一つの手です。その気になったら、いつでも連絡をください」。私はそれだけ伝えた。

智子さんはその後、二年も迷い続け、ついに決心した。「その教師と会います。近くで待っていてください。当時のことを話して、向こうが認めたら連絡します。そしたら、その場に来てください」。彼女はそう言った。それから私たちは綿密に打ち合わせを重ね、作戦を練った。

私が働いている共同通信社は全国の新聞社や放送局に毎日、記事を配信している会社だ。社会部の記者は、必要とあればいつでも、全国どこにでも飛んで行って取材できる。私たちは智子さんの故郷の北国に向かった。二〇〇五年一月のことだった。この経緯は、第一章「M教師」につづっている。

文部科学省によると、一九九〇年度にわいせつ行為で懲戒免職になった公立小中高校の教師はわずか三人だった。ところが、過去最悪となった二〇一二年度には、なんと四十倍の百十九人に達し

わいせつ行為で処分を受けた公立小中高校の教員数

（文部科学省調べ）

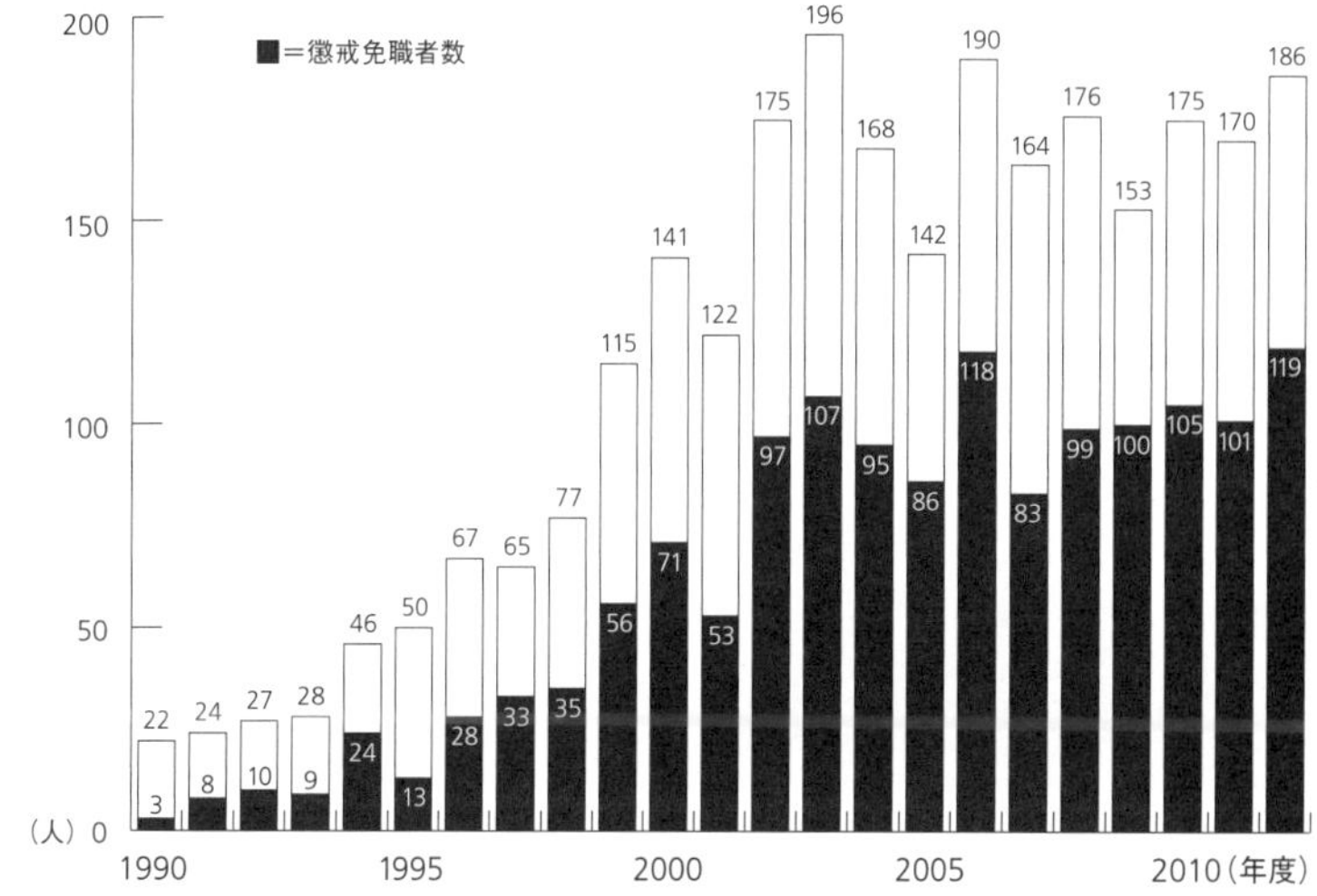

ている。その被害者は教え子が半数を占める。停職などを含めたわいせつ行為による処分者数全体でも、九〇年度に二十二人だったのが〇三年度には百九十六人と急増し、その後も高止まりが続いている。急に教師の質が落ちるはずはなく、見過ごされてきたのが厳しく処分されるようになっただけだ。

　マスコミが大騒ぎするような事件が起きた後、行政の対応が大きく変わることがある。一九九〇年三月、広島県の小学校教師の男が、わいせつ行為の発覚を恐れて教え子の六年生の女子児童を殺害する凶悪事件が起きた。だが、この時はまだ教え子へのわいせつ行為自体が「例外中の例外」だと思われていたのだろう。教育行政の対応で目立った変化は起きていない。全国で年に三人しか懲戒免職にならないのなら、そうかもしれない。

　この問題に長年、後ろ向きだった文科省がようやく重い腰を上げ、教師によるわいせつ行為には原則、懲戒免職で臨む方針に転じたのは二〇〇一年になってからだ。この年の七月、衝撃的な事件が起きた。中学教師の男とテレクラを通じて知り合い、手錠を掛けられて車に監禁された女子中学生が、中国自動車道を走行中に逃げ出そうとして死亡した事件だ。既に処分者数の増加により、「例外中の例外」ではない、という危機感が文科省にもあったのだろう。この事件をきっかけに厳しい処分で臨む方針を打ち出した。

もともと学校現場で教師が教え子にセクハラやわいせつ行為をすることなど、教育行政の中ではあまり想定されていなかった。少なくとも表向きは。なぜなら、「あってはならないこと」だからだ。あってはならないことは「ないこと」にしておいた方が都合がいい。わいせつ教師の処分者数の公表が、以前は『教育委員会月報』という関係者向けの冊子にこっそり載せるだけで済まされていたことでも、それは分かる。

最近では発表方法が大きく変わり、文科省は毎年十二月、記者会見を開いてきちんと公表するようになった。それでも、発覚するのは「氷山の一角」だといわれる。闇から闇に葬られるケースは相変わらず山ほどある。

性被害をめぐっては、裁判員裁判で求刑を上回る判決が相次ぎ、深刻さを再認識する動きが高まっている。そんな中で、教師による性暴力が放置されていいはずがない。世間と学校の認識のずれは大きい。

大津市の中二男子のいじめ自殺や、大阪市立桜宮高校の男子生徒が体罰を苦に自殺した問題のように、この数年、学校で子どもたちが誰にも言えない秘密を抱え、自殺して初めて発覚するケースが相次ぐ。心の中の悲鳴はなかなか届かず、本来、可能性を伸ばすはずの場で、子どもたちは自尊心を奪われ、将来への芽をつまれている。最悪の事態になっても、その実態は学校の隠蔽《いんぺい》体質からなかなか明るみに出ない。

教え子へのわいせつ事件は、学校で子どもが抱えざるを得ない秘密の最たるものだ。実態は表に出ず、長年繰り返される。一人の教師による性被害が三十人近くに及んだ事件まである。

教育関係者は「なぜ学校でそんなことが」と嘆くが、実は教師が指導の名の下に強い力を持つ学校だから起きる構図なのだ。信頼する教師が加害者になる、学校だからこそ起きる「権力犯罪」なのに、学校や教育委員会は「一部の不心得者の行為」「どこの組織にもそういう人間はいる」という認識にとどまり、さらには保身による隠蔽体質が次の事件を生む構造がある。

そして、同僚の様子がおかしいと薄々気付いていても、かかわり合いになりたくなくて周囲の教師たちが問題にしない場合もかなりあるのではないか。子どものいじめでしばしば問題になる「傍観者」の存在と同じだ。

もちろん、多くの教師が真面目に働いていることは言うまでもないが、授業に熱心で、部活動で実績を上げる教師が陰で悪事を働くこともしばしばある。権力を悪用する危険は常に多くの教師に存在する。だが、私が取材した加害者たちは自分が権力を悪用しているなどとは考えもせず、権力を持っていることにすら気付いていなかった。それどころか「対等な恋愛関係だと思った」とまで言う。

子どもはおかしいと感じても、なかなか大人に「ノー」と言えない。ましてや教師に「ノー」と言うのは相当な勇気が要るのに、そこに気付かない教師と子どもの間には大きな溝がある。

しかも、発覚すると、学校は体罰やいじめ自殺以上にこの不祥事を隠そうとする。校長や教育委員会は「あってはならないこと」と慌て、「ない」ものとしてもみ消そうとするケースも多い。

その時、被害を受けた子どもは「うそつき」にされる。被害を受けた子どもたちはなかなか「助けて」と言えず、ようやく勇気を振り絞って声を上げた被害者が周囲から攻撃を受けることも珍しくない。こうした「二次被害」はスクールセクハラの特徴だ。

被害を受けたことを周りから認めてもらえず、加害者の教師の肩を持つ大人たちからうそつき呼ばわりされる子どもの気持ちを考えてみてほしい。こんな理不尽なことがあっていいはずがない。

学校という異空間が事件を生み、隠蔽し、被害者を追い込んでいる。

子どもたちを育てようと教師になったはずの人たちが、なぜ子どもをつぶすようなことをするのか。学校はどうして隠蔽に走ってしまうのか。スクールセクハラはどうすれば防げるのか。

そのヒントを示すと同時に、日本の教育の在り方を考えたい。私には、事件が個人的資質だけで起きているのでなく、学校教育の体質にその原因があるように思えてならない。問題の根っこにあるのは、自分は高みにいて子どもを引き上げるのが役目、という伝統的な教師像ではないか。もっと言えば、子どもの個性を伸ばすことや学ぶ権利を第一に考えるのでなく、教師が描く理想の型にはめようとする構図に問題があるのではないだろうか。

スクールセクハラの解決に専門的に取り組む国内唯一の団体が大阪にある。NPO法人「スクール・セクシュアル・ハラスメント防止全国ネットワーク」（SSHP）だ。代表の亀井明子さんは設立から十六年間で千二百件以上の相談を受け、被害者たちを支えてきた。私とは十年以上の付き合いになる。亀井さんと、仲間で神奈川大教授の入江直子さんからはさまざまな知恵を頂いた。二人はこの本のあちこちに登場し、読者と一緒に考えてもらう役割を果たす。

学校って何だろう。埋もれてきたSOSを受け止め、今こそ考えたい。普通にしていたのではなかなか聞こえない子どもたちの悲鳴を届けるこの本が、日本の教育、ひいては日本社会を大きく変える一助になればと願う。

本書は共同通信社が二〇一三年に全国の新聞社に配信した連載企画「届かない悲鳴―学校だから起きたこと」に大幅に加筆してまとめた。連載は二十一紙の新聞に掲載された。

登場する人物は入江さんと亀井さんを除きすべて仮名で、年齢は取材当時とした。

池谷孝司

目次

写真　中藤毅彦
ブックデザイン　鈴木成一デザイン室

第一章

M教師

「やっと被害話せる」

「自分が受けた被害をちゃんと話していい、とやっと思えるようになりました」

三十代になった横山智子さんが真っすぐに私の目を見て話した。最初に事実を打ち明けられた時はまだ二十代半ばだった。当時、彼女の顔は青白く、ひどく痩せて細かった記憶がある。高校時代に受けた被害に支配され、周りが何も見えていない状態に思えた。

彼女は高校二年の秋、進路指導の面談で担任教師の山本武から「カラオケに行こう」と誘われ、断り切れずに車に乗せられてホテルで乱暴された。

「まさか先生がそんなことをするなんて」

誰にも言えず悩むうち、摂食障害になった。大量に食べては吐く日々。勉強どころでなく、成績は極端に落ちた。それでも担任がいる地元から逃げようと必死に勉強し、関東の大学に入ったが、その後も悩み続けた。卒業し、就職してからも悩みは続いた。

「どうしてついて行ったのか。なぜ大人に相談できなかったのか、と自分を責めました」

性暴力は「魂の殺人」といわれる。多くの性被害者の声を聞き続けてきたNPO法人「スクール・セクシュアル・ハラスメント防止全国ネットワーク」（SSHP）代表の亀井明子さんは「体は存在していても、被害者の意識は別の所にあり、雲の上を歩くような感覚に陥る」と解説する。私がその話をすると、智子さんはうなずいた。

被害を受けて失った一番大きなものは「自信」だ。自尊心を奪われて、常に自分が悪いように思え、「ごめんなさい」が口癖になった。

「私なんて」と投げやりになり、異性関係でもひどい目に遭った。「デートＤＶ」といわれる恋人間の暴力、ドメスティック・バイオレンス（ＤＶ）も受けた。殴る蹴るの暴力で肋骨《ろっこつ》が折れても謝るほどだった。新幹線の駅のホームで土下座させられたこともある。

「私は男運が悪い」と言うが、運をねじまげたのは高校時代の「Ｍ教師」（問題教師）だった。

亀井さんは「被害は被害を呼ぶ」と言う。判断力が鈍り、新たな被害に遭いやすいという意味だ。最初に被害を受けなければ、その後、恋人からひどい目に遭うこともなかっただろう。

「あいつさえいなければ」と思うが、「自分が悪い」とあきらめていた。

そんな時、教育にかかわる人たちが集まる会合で、私と知り合った。教育現場の状況に詳しい智子さんから何度か話を聞くうち、文部科学省で取材していた私は、わいせつ行為で処分される公立小中高校の教師が毎年百数十人に上り、被害者の半数近くは教え子だと教えた。

その話を聞いた智子さんは「私だけじゃないんだ」と驚き、私に過去の重い経験を思い切って打ち明けた。

「あなたは悪くない。悪いのは、その教師です」

私の言葉に智子さんはほっとした。自分が責められるかもしれないと警戒していたのだった。その後、自分でもいろいろ調べて「見知らぬ人に襲われたわけじゃない。強い立場の教師の力で巧妙な罠《わな》にはめられたんだ。やっぱり許せない」と考えられるようになった。権力を悪用した、学校だから起きた事件だと確信したのだった。教師から受けた被害は、教え子が訴えにくいために繰り返され、ようやく訴えても学校の調査に対して加害者が否定することが多く、さらには学校が事実を隠す場合さえ珍しくないと知った。

智子さんは大学卒業後、東京で教育関連の仕事に就き、小学校から大学まで学校現場を歩くようになった。いじめ自殺や体罰が報じられるたびに浮かぶ学校の隠蔽体質はよく見える。相談できない子どもたちの姿は自分に重なる。

私が調べると、五十代になった男は別の高校にいることが分かった。

「山本は今の高校でまた同じことをしているかも」

その疑念が智子さんの気持ちを山本との対決へと傾かせた。

ただ、危険がないとは言えなかった。この時、亀井さんからは「直接対決はやめた方がいい。被害を思い出すフラッシュバックを起こすかもしれない」と慎重な見方のアドバイスがあり、智子さんは表情を曇らせた。

あれこれ悩んだ末、「あの男と会うのは嫌だけど、他の子を同じ目に遭わせたくない。怖いけど、同席してもらえるなら」と考えて、やはり対決すると決め、私に伝えた。

私たちは打ち合わせを重ね、山本を呼び出す口実を探して作戦を練った。

対決

「今度、近くに出張するから会えませんか。同窓会を開きたいんです。先生にご相談できればと思って」

二〇〇五年一月。ターミナル駅の雑踏の中、智子さんは全身の震えを抑えながら携帯電話を取り出し、高校にかけた。卒業から八年たっていた。

「久しぶり。いつ?」

電話に出た元担任の山本はあっさり答えた。まだ下心があったのかもしれない。

外から電話したのは、自宅では怖かったからだ。ざわめきの中なら不安も薄らぐかと思ったが、切った後も全身が震えた。

待ち合わせ場所は地元の北国の駅にした。会うのは卒業してから初めてだ。本当は二度と顔を合わせたくない相手だった。まずは智子さんだけが会って気を許させ、あの時の事実を認めさせる。認めたら、その場に私が乗り込む段取りだった。二〇〇五年一月三十日。午後一時と決めた待ち合わせの時間が近づく。

「手が震えそうです……」

消え入りそうな声で智子さんが話した。

約束の十分ほど前から智子さんは改札前に立ち、私は少し離れて見守った。何度も時計を見るが、針はなかなか進まない。ようやく待ち合わせ時間になり、白髪交じりの短髪の中年男が近づいてきた。二人が挨拶を交わす。

私は思わず男に見入った。中肉中背。背は智子さんよりちょっと高いぐらいか。上下ともねずみ色のだらしないジャージー姿。智子さんから聞いていた高校時代の日曜の服装だ。足元は不釣り合いな黒い靴だった。

「こんな男が卑劣な事件の犯人なのか」

私は並んで歩く二人の後を距離を置いてつけ始めた。ザック、ザック。午後の日差しに溶けかけた雪を踏みながら歩道を歩いていった。気温は零度。息が白い。山本は両手を腰に当て、ぶらぶらと歩いていく。その横に智子さんが並び、ちょこちょことついていく感じだった。五分ほどの場所にある小料理屋に二人が入るのを見届けると、私も少し遅れて店に入った。

二人は予約した二階の座敷にいる。私は一階のテーブル席で、ビールとつまみを注文した。あれこれ作戦を考え、呼ばれるまでの落ち着かない時間を過ごしてじりじりと待った。

新聞記者は待つのも仕事だ。北風が吹きすさぶ極寒の真冬に暗い住宅街に立ち尽くし、帰ってくるかどうかも分からない捜査関係者を何時間も待つことを思えば、ここは極楽だ。

三十分ほどで携帯電話が震えた。

「二階に来てもらえますか」

緊張した智子さんの声が聞こえ、私は立ち上がった。

三十代になった今、智子さんが高校生のころを思い出すと、大学の教育実習で経験したことと重なるという。

小学校の教室。四年生の割に小柄なかわいい女の子が、いつも大きな目でじっと見ていた。何も話さないが、よく見ると腕に赤い傷があった。

どうしたのかと聞くと「お母さんがたたく」と小声で言う。虐待だと感じ、担任に伝えた。

「あの子は私だ。相談できず、誰かに気付いてほしかった。高校生のころ、私もあんな目で周りを見ていたんだ。そんなふうに思ったんです」

気付いてあげて少女は勇気を出し、打ち明けられた。でも、高校では誰も気付いてくれなかった。

「どうして逃げられなかったんだろう。『助けて』って、なぜ言えなかったんでしょうねえ……。大人に気付いてほしかったけど、自分から言う勇気はなかった。あのころはまだ精神的に幼くて、先生には従うべきだと信じ切っていたんです」

多くの相談を受けてきた亀井明子さんは「子どもはなかなか打ち明けられない。変化に敏感に気付く必要がある」と話す。

「事件はあってはならないが、可能性は考えないと。『あるはずがない』が前提だと『うちの学校にはない』で済ませて見逃すことになる」

教育関係の仕事で学校を回る智子さんはその意味がよく分かる。被害者は不利益や仕返しを恐れて相談できない。加害者の教師はそれを利用する。表面しか見ないと被害は分からない。

智子さんは、苦しむきっかけになった高校二年の秋を振り返った。

突然の誘い

スポーツ大会の準備で活気づく高校二年の秋口、担任の山本武が教室で紙を配った。

「進路の希望を聞く二者面談をするからな。配った紙に順番を書いてあるから」

放課後の二時間ほどで同級生たちが面談を続けていた。

「どうだった？　なんて聞かれた？」

横山智子さんが、面談を終えた同級生の香奈さんに尋ねた。

「志望の大学と学部を聞かれただけだったよ」

「ふーん」

その答えを聞き、すぐに終わるものだと思って、智子さんは指定された校舎の隅の放送室に向かった。

「どこの大学に行きたいんだ？」

山本が聞く。放送用の音声調整卓を前に、なぜか並んで座らされていた。目の前には他の生徒の希望調査票が無造作に置いてあった。

「東北大です。学部は特に考えていません」

東北大に行きたかった。何を勉強したいかは分からない。ただ、旧帝大なら、国立志向が残るこの町で自慢できる。それだけだった。左隣に座る山本にちらりと目をやり、希望を言い終えるとすぐ、目を膝に落とした。距離が近く、落ち着かない。

「今のままじゃ、難しいな」

山本は中間試験の点数を指でなぞった。

「分かってます。三年生になったら部活をやめて、受験勉強に集中しようと思います」

低い声は、放送室を囲う防音壁に吸収された。用件は終わった。頭をぺこりと下げ、席を立とうとした瞬間、山本の口調ががらりと変わった。

「ところで、横山はカラオケとか行くのか？」

不意打ちだった。くだけた調子で場違いな質問。何の意図なのか。

あぜんとしながらも、淡々と答えた。

「……時々、行きます」

「俺も行きたいんだけどさ、今度、一緒に行ってくれないか？」

「はあ？」

声が裏返った。「ウケる」。心の中で思った。このごま塩頭のおっさんとカラオケ？「後で、香奈に話そう」。面白いネタだと思いながらも、ドキドキしていた。女子高生の文化に触れたいのかな。みんな嫌がるだろうな……。

「今度の日曜、空いてるか」

間髪を入れずに、山本が聞いた。

自分だけが誘われてる？　答えを探した。

「はあ、でも……。他に誰か誘いましょうか？」

「いや、あんまり大勢いても。それに、カラオケがしたいというより、会話ができればいいんだ。家にいても、学校にいても、変に気疲れすることがあって。たまには教師や父親という肩書きを外して出掛けたり、話したりしてみたい。横山は他の生徒となんか違って、ゆっくり話ができそうだから」

黒板に教科書を丸写しするつまらない授業では冗談も言わないのに、初めて笑顔を見た。瞬間的に自問自答した。

「普通、断るよ。でも、嫌な目に遭ったら困る。推薦入試を受けるなら内申書を握られてる。カラオケならいいか……。担任が問題を起こすようなことはないだろう。悪い想像は考え過ぎだ」

無理に自分を納得させた。

一方で、「他の生徒と違う」と言われたことで、何か評価されたような気もした。教師と二人でカラオケに行ったという話は、きっと武勇伝になるだろう。そう思った。

「……分かりました。駅の近くのカラオケボックスですか」

「あの店は他の生徒や親も行く。できれば人目に触れない所がいいな。あ、そうだ。カラオケが無理ならドライブでいいや。話ができればいい。おまえの家の近くで待ち合わせしよう」

話がころころ変わり、再び不安が渦巻いた。

「家の近くはまずいです」

両親は教師。親に知られるのは困る。やんわり断ったつもりだった。

「駅の近くのスーパーの駐車場で、十一時に待ってる」

「はあ……」

普段では想像できない押しの強さに気持ち悪さを覚えながらも、強引な誘いを断れず、気のない返事で了解してしまった。「教育一家」で育った素直な〝いい子〟の性格が裏目に出た。


「今でも、人から頼まれたら断れないんです」

智子さんがため息をつく。

「怖い思いが心を覆い尽くしていたけど、正直言うと、『他の生徒と違う』と特別に評価され、頼られた気もして。下心なんて想像もしなかった」

山本は生徒の心理を巧みに突いて誘い出す手口を熟知していたようだ。

当時を振り返ると、進路指導の面談に教室ではなく、密室の放送室を選んだことにも意図を感じる。山本は放送部とは何の関係もなかったのに。

「密室を悪用して白昼堂々の〝校内ナンパ〟でした。意味不明の誘いに驚き、その罠に引きずり込まれてしまったんです」

智子さんが今、仕事で教師と学校の個室で話す時、多くの大学ではセクハラ対策でドアを開ける規則になっている。でも、小中高校でそんな話は聞かない。

亀井さんと共に活動する神奈川大教授の入江直子さんもこの点を「大学ではセクハラ防止の観点から強く意識されているのに、小中高校では何の注意も払われていない」と問題視する。入江さんは「小中高校の学校内で事件が起きるときは、二人きりになれる状況がよく悪用される。大学では、密室で一緒にいるだけで疑われても仕方ない、とされるから、ドアを開ける決まりができて、密室で一対一になるのは避けられている。そういうのが学校の危機管理です」と強調する。

思いもしない悩みを抱えることになった智子さんは放送室を出て、ふらふらと廊下を歩き始めた。

「約束まで三日。よく考えよう」。無理やり不安を心に沈めた。

「なぜ行った」自問自答

担任の山本から奇妙な誘いを受け、智子さんは戸惑いながら教室に戻った。親友には内緒にできなかった。

「山本からカラオケに行こう、って誘われた」

相談できる相手は香奈しかいない。もうこの時には、ウケる話を聞かせようなんて考えていなかった。本当は行きたくなかったが、「断って成績で不利な扱いをされたくない」と思って了解してしまった自分の判断をどう思うか聞いてみたかった。

「マジで？　やめなよ。やばい。あり得ない」

想像通りの答えだ。

「やっぱりね。でも、話すだけみたいだし」

「勧めないよ」

そうきっぱり言われ、話は打ち切りになった。お気に入りのアーティストが新しいアルバムを出したという話題になり、香奈はもうこの話には触れたくないんだと感じた。

「自分でも、どうしてついていったのかと思う。何となく断れなくて」

それまで嫌だと感じても断った経験がなかった。

「両親は教師で生真面目な性格です。私も素直に大人の言うことを聞くのがいいと思い込んでいたかもしれません」

数年前に帰省した時、母に「子どものころ、私、褒められたことがなかったよ」と不満をぶつけたことがある。母は「しっかりしてて何でもできたし。手が掛からなくて褒めなかったね」とさらりと流した。親には単なる昔話だった。でも、智子さんには今とつながる。中学の成績は学年トップ。できて当然で、自分で「いい子」を演じていたと感じる。「いい子」が当たり前の親に、こんな面倒な相談は到底できなかった。

どんなに成績が良くても、どんなにいいことをしても褒められた記憶のない智子さんは、いつも自信がなかった。その上、進学校の高校では成績が伸び悩み、優秀な生徒たちの中で埋没して、ますます自信がなくなっていた。

友達はみんな真面目で、面白みがないように思えた。目立つこともなく、「ダサい学校に通うフツーの女子高生」に転落した、と感じた。「フツーにはなりたくない」と焦った。制服に「技」を加えることで、「人とは違う」と主張しようとした。リボンの結び目を二個作って短くしてみた。スカートは膝上十センチまで詰めた。耳にはピアスの穴を三つ開けた。白いボンボンが二つ付いたゴムで、髪を左右、不格好《ぶかっこう》に結った。見た目への固執は二年生の秋まで続いたが、誰も外見を評価してくれることはなかった。

「私を見て」という思いは空回りし続けていた。そんなつまらない高校生活の中で、初めて褒められた気がしたのだった。

「誘いを断ったら何をされるか分からない、というのが一番大きいけど、特別扱いされ、認められた気もしたんですよね」

智子さんはそう打ち明けた。

その事件によって、わずかばかりあった自尊心まで根こそぎ奪われることになるとは想像もしなかった。

「カラオケで何を歌うんだろう。何を話すの？　何時間一緒にいるのか」

疑問が渦巻いた。断るなら何と言おうか。学校で誰にも見られずに断るのは難しい。自宅に電話して家族が出たら。びくびくし、反応を想像して逃げ道を探した。

断る勇気がないまま、約束の日曜を迎えた。後ろめたさを感じながら、待ち合わせ場所のスーパーに向かう。

「図書館で友達と勉強してくる」

「夕飯までに戻ってくる？　七時までには帰ってくるのよ。夕飯が遅くなると、おばあちゃんがうるさいから」

母親はいつものように祖母への愚痴を漏らし、何の疑問もなく見送った。自転車をこぎながら不安は募った。一方で「心配し過ぎかも。自意識過剰だよ」と自分で自分を納得させていた。

駐輪場に自転車を止めていると、黒いワゴン車がゆっくり近づいてきた。

「隣、乗って」

山本に声を掛けられ、助手席に乗り込む。誰か見ていないか。心臓が破裂しそうだった。

□車に乗せられホテルへ

「その日のことは今も鮮明に覚えています」

智子さんは思い出して話す。

山本の車に乗る時、智子さんはガチガチに緊張していた。

親以外の車に乗るのは初めてだ。それを隠そうと、助手席に座ると、間の抜けた声を出した。

「あ、どうも」

山本はただ板書するだけの授業の時と違って、笑顔を見せた。普段はスーツ姿だが、ねずみ色のジャージーでくだけた雰囲気。〝秘密〟の話題で和ませた。家庭で妻や娘と会話がないという愚痴。同じクラスの女子生徒が東京の芸能事務所に所属していて、ダンスを習っていること。

「選ばれたことに悪い気はせず、私は明るく振る舞おうとしていました」

沈黙を避けようと話題を探した。休日の過ごし方。部活動をやめるか悩んでいること。通学電車でも勉強していること。不安を忘れよう、焦りを見破られるな、と自分に言い聞かせながら。


三十分もすると車は町を二つ過ぎていた。

「やっぱりカラオケに行ってみようか」

「はあ……」

山本は話しながら山道を進む。民家すらない。林道の木が太陽の光を遮る。昼前なのに夕方のように暗く、不安が募った。

「こんな所にカラオケなんかあるんですか」

「走ればあるだろう。でも、カラオケボックスだと、知り合いに会うかもしれない。立場上、教え子と出掛けるのはまずいんだ。ホテルでもいいかな」

「ホテル？」

声が上ずり、せき込むまねをした。

「うん、今はホテルにカラオケが付いているからね。もちろん、カラオケ以外は何もしないよ。心配しないで」

うろたえるのはみっともない気がした。先生は本当にカラオケに行きたいだけだろう。でも、ホテルってラブホテル？　車から逃げて、歩いて帰ろうか。だけど、腕を引き寄せられたら逃げられない。

「大学の推薦入試を受けるなら内申書を握られてるなあ、と受験を意識しました。友人や他の先生に悪いうわさを流されたら学校に行きにくくなるし。ついていくのが無難な選択だろうと考えました」

智子さんはその時の心境を振り返った。

「私は『無難』がキーワードなんです。最良の選択をして無難に、と思ったけど、全然ずれていました」

危険なことなどない十七年間で、智子さんは「無難な選択」をする習性がついていたのかもしれない。

「『助けて』って言えなかったのは、教師をしている両親を心配させたくなかったからかな。期待されていると思い込んで、『いい子』の像を崩したくなかったのかもしれない」

山本は突然、脇道にハンドルを切った。下り坂の先に古いコテージが十棟ほど立ち並ぶ。

「カラオケがあるって書いてあるし」

車から降り、派手な看板の受付で山本が鍵を受け取った。三十秒もあれば着く。

「今なら走って逃げられる。でも、家まで走って帰るのは無理だ。すぐ車で追い掛けられるだろう」

悩むうちに着いてしまった。ドアを開ける教師の後ろで智子さんは固まっていた。

抵抗できず「恋人に悪い」

「どうしよう、どうしようと思っているうちに連れていかれたんです」

智子さんは振り返る。

重厚な赤いドアは強く印象に残っている。その先には暗がりが広がっていた。ホテルに入ったのはもちろん初めてだ。かび臭い部屋は狭かった。カラオケセットと真っ赤なソファ、そしてベッドがあった。

バン。ドアが大きな音を立てて閉じ、驚いて肩をすくめた。「フー」。立ちすくんで深呼吸を繰り返す。指の震えを抑えようと両手を重ねた。

「気丈に振る舞えば大丈夫」。自分に何度も言い聞かせた。ソファに腰掛け、卓上の曲目表を開く。震える指でめくった。

「何を歌おうかな」

平静を装った。ぼんやり立っていた山本は智子さんをじっと見て隣に座った。反射的に横にずれる。その瞬間、山本は肩に腕を回し、顔を近づけた。

「前から声を掛けたいと思ってた」

「やめてください」

口を固く閉じ、山本の顔を腕で押さえて抵抗した。力ずくで抱き寄せ、「寂しい」「好きだ」と繰り返す相手を必死で押し戻そうとしたが、無駄だった。

「『なぜもっと必死に抵抗しない』とか『逃げればいい』とか言われるかもしれません。でも、どうしようもなかったんです」

山本は智子さんを抱え、ベッドに押し倒した。跳ね返そうとしたが、勝てなかった。

「押さえられて動く気力もありませんでした。服を脱がされて、歯を食いしばって我慢していました」

つらい記憶だ。

「初めてだったのか」

山本の問い掛けにうなずいた。頭は真っ白だった。

「帰る時に何を話したかはよく覚えてないんです。口止めされたかもしれない。次に会う約束はさせられたんでしょう。二週間後の日曜に会うと決まってましたから。そのころは携帯電話も持っていなかったし、別れ際に約束するしかなかったはずです」

自転車に乗ると一学年上の恋人の顔が頭に浮かんだ。キスもまだだった。申し訳なかった。

親にどう話そうか。本当のことは話せない。

「図書館は空《す》いてたよ」。そう言おう。親友の香奈と勉強し、昼食はラーメンを食べた。帰りはドーナツをかじった……。

「根を詰めたから疲れた。だから食欲がないの。今日は話したくない」

会話を想像した。

「ただいま」

母は夕飯の支度をしていた。普段通りの様子に落ち着き、洗面所に向かった。念入りに歯を磨く。唇と舌の表裏まで。そこまで念入りに磨くのは、それからも習慣になった。まだ夕方だが、風呂を沸かした。けげんそうな母に「寒いから」と手をすり合わせて見せた。

風呂に夕日が差し込む。鏡に映る顔を直視できず、うつむいて体をしつこく洗った。

「母と祖母が台所で言い争う声が聞こえました。いつもならうっとうしいと思うけど、この時は何だかほっとしました」

試験問題見せ引き留め

翌週、高校の教室に現れた担任の山本は普段通り授業を始めた。いつものように教科書の内容を板書する。智子さんもただノートに写していった。

内容は頭を素通りし、事件を思い出しては「なぜ行ったのか」「どうしよう」と考えながら。

「親にも相談できず、独りぼっちでした。ふと気を緩めて秘密を漏らしたら、自分が壊れそうで。居場所を失うのが怖かったんです」

「誰にも言わない方が私のため」「私さえ我慢すれば誰も傷つけない」。心の中で繰り返す。「そのうち、『あの時の判断は間違っていなかった』って自分を正当化するゆがんだ気持ちになっていきました」

学校で後ろ指をさされるのは怖かった。

「自分で望んだことではないけど、教師との〝不倫〟。センセーショナルだ。私は『学校で唯一』なんだ。そんなレッテルを貼り、どうにか自分を支えていました」

SSHPの亀井明子さんは「何とか心を保ちつつ、教師との人間関係を続けないと生きられなかったんでしょう。知人からの被害は、そういう状況を悪用して繰り返されることも多い」と話す。

「次の約束」の二週間後の日曜はすぐに来た。母にまた「図書館に行く」と言って、前回と同じスーパーの駐車場に出掛けた。

山本はコンビニで昼食用のピラフやシュークリームを買い込み、ホテルに持ち込んだ。「余裕があるな」と思ったが、そう見せていただけかもしれない。

その時、一つ年上の恋人がいると話した。彼に申し訳ない気持ちで、罪悪感から口にしたのだった。でも、山本がそれを気にする様子は全くなかった。

そんなことが三度、四度と続いた。

本音では気持ち悪くて仕方なかった。でも、断る方法を思いつかなかった。八方ふさがりの中、気持ちはねじれていった。

「山本の醜態は私だけが知っている。教室で偉そうに授業をしている男が、私の前では甘える子どものようになる。面白い状況だ。そんなふうにでも考えるしかなかったんだと思います」

智子さんの心は壊れそうになっていた。

その間に山本は二人の関係を長引かせる作戦を着々と練っていたのだった。


冬休み直前、教室で、山本は「二度目の二者面談を開く」と告げた。「進路指導でもう少し話し合いが必要な生徒が対象」だという。

「来週の模擬試験の日、会えないか？」

密室の放送室。智子さんが座ると、山本はいきなり切り出した。進路指導の話は何も出てこなかった。

「試験は休めません」

「学校の成績と関係ない模擬テストだし、後で解答用紙をくれれば、採点に回すよ」

しつこく誘われた。

「不正は嫌だし、休んだのに結果をもらったら、友達に変だと思われる。結局、断り切れず、試験は休みました」

当日、車の助手席に乗っていると、対向車が目に入った。

「びっくりしました。両親が乗ってたんです」

その瞬間、智子さんはとっさにレバーを引き、座席と共に後ろに倒れた。

「どうした?」

「何でもありません」

驚く山本に答える。どうしても両親には知られたくなかった。

「私の雰囲気から『この子は絶対ばらさない』とは思ったでしょうね」

揺れる心を察知したのか、山本は次の一手を打ってきた。期末テストが近づいたころ、ホテルから帰る車中、かばんから問題用紙を取り出して見せた。

「今度の期末試験の問題」

「え? どういうことですか」

「次の試験の。こんなことしかできないから」

「要りません」

ようやく智子さんの頭が正常に働き始めた。

「愛人切符」を拒否

「あれは『愛人切符』だったんでしょうね」

高校二年の自分を追い回し、異常な愛人関係を続けようと担任の山本がまいた〝餌〟を智子さんはそう呼んだ。受け取ったら終着駅はどこだったのか。

学年末、山本の切り札は大学進学を左右する教師の権力だった。

「私立大の推薦枠を確保しよう。早稲田でも、慶応でも。その代わり、引き続き会いたい」

「そんなこと……できるんですか」

返事まで間が空いた。

「勉強は頭に入らなくて成績は急降下してたし……。まともに受験したら受かりそうにない。効果があると思ったんでしょう」と智子さんは振り返る。

「そのために三年生も担任になる。連絡しやすいように携帯電話を渡すよ」

山本は畳み掛けた。


「最初から心の隙を突かれたんだと思います」

中学の成績は学年トップだった。

「両親が教師だから、周りは『先生の子』っていう目で見る。ずっと緊張していて、同窓会では担任から『笑わない子だった』と言われました」

それが進学校の高校では「凡人」になった。目立たず、プライドだけが残った。

「心は優等生のままで、人目ばかり気にしていました。毎日がつまらなくて、何とかしたいと焦っていて」

そこを見透かされた気がする。そんな私だから、ついてくると思われたのだ。進学で釣ろうとしたのもそのためだろう。思えば、最初の誘いも進路指導の場だった。

山本の誘惑を振り切らなければならない。

「国立、目指します」

勇気を振り絞って答えた。

「そうか……。でも、これからもずっと手元に置きたい。三年生で担任する生徒を決める会議が来週ある。同じクラスになりたい子はいる？　仲のいい香奈は一緒にするよ」

小さな抵抗は全く通じていなかった。


その後も誘惑は続いた。

「内申書の点数を上乗せするから、地元の大学を受けてよ。俺もいずれ近くに転勤する予定だから、そうすれば卒業後も会える」

山本の声が耳に残る。

「この時、初めて本気でまずいと感じたんです。このままだと一生を支配されてしまうと思ったから」

遠く離れた関東の大学を受験すると決めた。

早く「嫌だ」と言って逃げたい。でも、周りに事実を知られるのは怖い。誰かに気付いてほしいが、助けを求める勇気はなかった。他の教師の授業では「先生、気付いて。私、間違った方向に進んでしまった」と念じた。相談しても秘密を守ってくれるか見極めようとしたが、そんな教師は見つからなかった。「小心者だな」と思う。

しかし、そんな状況も限界だった。「もう駄目」。ある日、山本への強い嫌悪感から授業を受けられなくなり、外の図書館に抜け出した。初めての主体的な行動。ドキドキして手のひらに汗をかいた。

「それが、秘密がばれてしまうかもしれない行動だということは分かっていました」

相談しても解決せず

高校二年の学年末、智子さんは、担任だった山本の授業の前に図書館へ逃げる日が続いた。

「ある日、校門に私の彼氏と親友の香奈がいて」

「おかしい」と気付かれたのだった。

「何なの？　山本？」

香奈の声は聞こえなかったふりをしようと決め、暗い顔の二人をスーパーの地下のフードコートに誘った。

三人でジュースを飲みながらようやく話す。

「誘われてついていったら続くようになった」

「何された？」

この時は、香奈に本当のことは言えない、と思った。

「……いや、特に何も。誘われてるだけ」

普段、温厚な彼氏は目をつり上げた。

「汚いな、山本。とにかく断るんだぞ。何かあったらすぐ言って」

そう言い残すと、彼氏は先に学校に戻った。

「その瞬間に涙があふれて、トイレに走りました」

個室で「ワーワー」と泣き叫んだ。扉を開け、親友の困った顔を見た途端、その場に座り込んでしまった。

「ごめん。やられた」

「抵抗しなかったの」

「ごめん、できなかった」

何度も「ごめん」を繰り返した。

「とにかく、これからは絶対に誘いに乗らないで。……あれだけ止めたのに」

どう慰めていいか分からなかったのだろう。自分が止めたのに聞かなかったことを蒸し返して、香奈さんは学校に戻っていった。

行く先は図書館しかなかった。冷たい長机に突っ伏す。額から熱がどんどん奪われ、不安が込み上げる。

「相談したことを後悔しました。どうしよう、って。女性であることを恨めしく思いました」

やっと打ち明けても、解決せず不安が増しただけだった。誰にも頼れない。自分で何とかするしかなかった。

「少し客観的に考えようとしました。ゆがんだ関係を無理に肯定して自分を支えてきたけど、やっぱりおかしい、と。正面から向き合い始めました」

逃げようと決めた。今度の約束の日曜に「ドタキャン」を決行するのだ。

その日は早めに目覚めたが、なかなかベッドから出られなかった。仕返しされないか。変なうわさを流されないか。頭の中で堂々巡《めぐ》りし、不安でたまらなかった。

「後ろ指をさされたら居場所を失う。そんなことばかり考えてました」

直前まで迷った。着替えて支度はしていた。

「私が我慢すれば、誰も困らない。卒業まであとたったの一年……。でも、やっぱり逃げよう。もし、あいつが怒ったら。それでも逃げよう。明日、怖かったら学校を休もう。病気だって言えばいい」

時計の針が約束の十一時を指した。じっと見ていた。三十分、一時間過ぎても何も起きない。時間がたつのを待ち続けた。

翌週もいつも通りの学校生活だった。山本が態度を一変させて迫ることもなく、うわさが流れることもなかった。不安は杞憂《きゆう》だった。

だが、三年生の始業式。担任の名前が読み上げられて、智子さんは凍り付いた。一方的な約束通り、山本は再び担任になった。

高三から拒食症に

「突然、体調がおかしくなったんです」

担任の山本を避け続けて数カ月たった高校三年のころを智子さんが思い出す。

「食欲がなくなり、何も食べられなくなって」

朝食は抜きで、昼は茶わん半分のご飯と卵。夜はご飯を二、三口だけ。拒食症だった。生理も止まった。

やがて、大量に食べては吐く過食症になった。贈答用のクッキーを一缶、袋入りのあんこを一袋。食パン一斤も平らげた。その直後にトイレに駆け込み、指をのどの奥に突っ込んで吐いた。

拒食症や過食症といった摂食障害は心の問題が原因とされる。つらい記憶から逃げたかった。現実を体が拒んでいた。

「女性であることを嫌い、女らしい体を拒絶したんだと思います」

痩せるのがうれしかった。体重が四十キロを切って、あばら骨が浮き出ても、何も食べずに吐いた。

それでも、新しいダイエット法を聞くと、みんな試した。トマトがいいと聞くと、トマトだけ一日に十個も食べた。「細い」という評価が、自尊心を高めた。来る日も来る日も食べ物のことばかり考えるようになった。

性の対象に見られるのが嫌で、スカートはやめた。再びはき始めたのは数年前だ。

苦しみの中、誰かに気付いてほしくて信頼できる教師を探し続けたが、いなかった。逃げる手段は受験合格だけ。必死で勉強し、関東の大学に進んだ。摂食障害は大学二年まで続いた。「自分は汚れた」と真剣に悩んだ。

大学で入ったサークルでは、友人と短編の映像作品を作り、学園祭で上映した。乱れる心の内を題材にした抽象的なストーリーで、テーマは「性」。自分が受けた被害とは無関係な話に仕立てたが、性を否定するような内容だった。自ら出演し、半裸の入浴シーンも盛り込んだ。

自尊心をなくして自己評価は極端に下がり、いつも「私なんか」と思うようになっていた。スナックでアルバイトし、客の男と交際したが、たびたび暴力を振るわれた。肋骨を折られたことまであった。

卒業し、就職してからも悩み続けた。暴力的な男と別れ、新しい恋人ができたものの、その男からもまた暴力を受けた。殴られるたびに「ごめんなさい」と謝った。

「事件の後、まともな恋愛をしていない。男性から声を掛けられても、どこか怖かった」

「あの出来事さえなければ」。何度も思い「今更考えても」と打ち消す。

「でも、そのまま終わらせるのは嫌でした」

そんな時、教育関係の取材で私と知り合った。私は事実を打ち明けられて「あなたは悪くない。今でも教育委員会に訴えられるし、まだ訴訟もできる」と勇気づけた。

情報を集めるために友達に聞いてみて、他の子も誘われたといううわさが在学中にあったことを智子さんは知る。山本は別の高校にいた。「今日も高校にいる。まだ被害者がいるかも」。怒りがわいた。

親友の香奈さんからは「実は私も小学校時代に保健室で教師から性被害を受けた経験がある」と打ち明けられた。「だから、あれだけ止めたのか」と納得した。相談を持ちかけた時、普通なら、あんなに強く「行くな」と言わず、「まさか、先生が変なことはしないんじゃないの」と答えてもおかしくない場面だったはずだ。自分が被害を経験していたからこそ、ただならぬ気配に敏感に気付いたのだろう。

「結婚も考える時期で、問題を整理したいと感じていました。あの男に本音を聞こうと思いました」

それでも、直前まで「狭い田舎で大ごとにしたくない」と迷い続けた。「大ごとにしたくない」は多くの性被害者が口にする言葉だ。教師だった両親には、今も事件のことを内緒にしている。最後は「逃げたらあの時と同じ」と考え、対決を決意したのだった。

「男と女」

横山智子さんと山本武は小料理屋の二階で狭い個室に入ると、座卓を挟んで差し向かいに座り、互いに近況を報告し合った。山本を呼び出した口実は「同窓会の相談」だった。そのため、同窓生や当時の教師たちについての情報交換が続いた。

山本は智子さんにあれこれ尋ね、「今度、出張するけど、会えないかな」と口にした。また関係を復活させられないか、と考えていたのかもしれない。

「結婚する意思はあるの？」

山本の問いに、智子さんが本心を伏せて「ないです」と答える。単なる興味だったのか、自分の「女」に戻せるかどうかに関心があったのか。

「そういう感じだね。独身主義？　キャリアウーマンか」

「まだ結婚を考える時期でもないから」

山本は高校時代の智子さんの内面に話題を切り替えた。

「あなたは在学中、『なんで私がこんな田舎にいるんだろう』と作文に書いていたよ」

「常に田舎を出たいとは思っていましたね」

「大学の学部をどうするか悩んでいたね。その後、俺は高校で、進学先を悩んでいる生徒がいたという事例として紹介したよ」

山本は陽気にしゃべり続けた。山本にとって、智子さんはまだ当時と同じ「思い通りになる女子高生」に映ったのかもしれない。

店の人が料理を出し終えたのをきっかけに、智子さんが切り出した。

「今日、私が会う約束を取り付けたのは、いくつか確認したいことがあって。高校二年生の十月、あの時なぜ、ああいうことになってしまったんだろう、と十年ぐらい引きずっています。その時の状況を聞きたかったんです」

　山本の箸が止まった。

「それが結婚しない理由だというところまで悩んでいるの？」

「機会があれば結婚するでしょうけど」

　なぜか結婚に結びつけたがる山本。受け答えはかみ合わなかった。智子さんは内心、うんざりしながら、話を進めた。

「最初は放送室での二者面談でカラオケに行こうっていう話だったんですよね」

「最初、あなたが『みんなで一緒に行くならいい』って言ってたんだよね」

「そうです。まさか、そんな誘い方をされるなんて、と思ってびっくりしました」

　山本の記憶は鮮明なようだった。しかし、その後のことは急に話が飛ぶ。

「待ち合わせに来なかった三回ほど、俺は一時間ぐらい待っていた。遠くに見えるあなたの家をぼうっと眺めて」

　智子さんには今につながるつらい記憶も、山本には懐かしい思い出のようだ。まだ未練たっぷりの様子だった。

「俺はその後、転勤して別の高校に行った。あなたを担任している時は、転勤が嫌で断っていた。県の教育委員会に異動する話も断った。やっぱり俺は単純だね。県教委に行くと、朝早くから夜遅くまで拘束されるしね。俺が学校の先生になったのは、生徒に勉強を教えたり、クラブ活動をしたり、じゃれ合ったりしたいからだからね。書類作りは苦手なんだよね。田舎の学校に行くのも嫌だし」

山本の話を遮るように、智子さんが切り出した。

「四、五回ホテルに行きましたよね」

「そうだ」

山本はあっさり事実を認めた。

「……俺が今でもそんなことをやっていると思ってるんだろう」

智子さんは目を見開いた。探りを入れるつもりなのか、意外な反応だ。「尻尾を出した」というべきか。「やっぱり今も被害者がいるんだ」。智子さんは確信した。その一方で、突然の山本の質問にどう答えていいのか戸惑った。問いただしたいが、言葉が浮かばない。山本がよく呼び出していた同級生の名前を挙げてみた。

「恵美とはどうだったんですか」

「恵美?……恵美と話したの?」

山本はドキッとし、探るような目で見た。

「いや。彼女ともそういう仲だと思っていました」

「ああ……」

連絡を取り合っていないと知って山本は安心した様子で、そのまま黙り込んだ。智子さんが返事を促す。

「恵美の話を教えてください」

「二股をかけられていると思っていたの？」

「ちょくちょく進路の面談で呼んでいたので、先生と関係があると思っていました」

「勘ぐったのね」

山本は急に話題を変えた。

「基本的には男と女の仲だから、智子には好きだと思う感情があった。クラス編成で、俺はどうしても智子を取りたいから、まず智子を取った。教師の打ち合わせで決まるけど、『あの子は嫌』とか『苦手』だって意見が出るんだよ。嫌われている生徒にとっても、受け持たれたら不幸だし、好きな生徒ならこっちも力の入れ方が違う」

教師と生徒ではなく、男と女の話にすり替えたいらしい。担任教師がそんなことを考えていたとは当時は思いもしなかった。

「あの時の気持ちは、って時々考えるんです。知り合いの新聞記者が先生の心情を知りたい、って話しています。過去の話として、その当時の気持ちを聞かせてもらえますか。実は、この場に来てるんですよ」

「来てる？」

山本の顔がこわばる。

「そうなんです。同席してもらってもいいですか」

「……うん」

勢いに押され、山本は断り切れなかった。

「どこまで話していいの？　あなたとそういう仲だったと話していいの？」

「いいです。もう伝えてありますから」

智子さんが携帯電話で私を呼んだ。

「お互いに楽しんだ」

「失礼します」

声を掛けて引き戸を開け、私は座敷に入った。座卓の奥に座った山本は急な展開に慌てていた。手前の智子さんの隣に私が座り、名刺を差し出した。

まずは構えている相手の緊張を解くのが肝心だ。この時の私は、いつ逃げてもおかしくない野良猫をそうっと捕まえるような心境だった。こちらのペースに引き込んで、まず何かしゃべらせなければならない。

「私、ずっと教育関係の取材をしてるんです。実は今、スクールセクハラと呼ばれる教師の問題を取材していまして」

「はいはい」

山本は何だか鷹揚《おうよう》に構えていた。

「わいせつ」という言葉はあえて避け、「スクールセクハラ」で通すことにした。警戒心を少しでも緩めさせるためだ。

「ですが、当事者の話を聞くのは難しいんです。生徒の話を聞く機会はあるんですが、先生の意見を聞く機会がなかなかなくて」

山本はじっと聞いている。

「それでたまたま、智子さんに昔の話を聞いたものですから。昔の話ではありますが、本当のところ、どうなのかと、考える材料を読者に提供したいと考えています」

それだけ話すと、私はきっぱりと約束するかのように山本の目を見て付け加えた。

「記事を書く時には、お名前は決して出しません」

こんな説明が通るのかどうか分からなかったが、とにかく会ってしまえばこっちのものだ。うそはついていない。山本が話しやすいように「昔の話」を強調しながら、取材の趣旨を説明した。

「急に何だろうとお思いになるとは思うんですが……」

「何だろう、ですね。エヘヘヘヘ」

山本もどう答えていいか分からないらしい。人間、どうしていいか分からない時にはつい、笑ってしまうものだな、と不思議に思った。しかし、相手はどうにか口を開いた。とにかく、このましゃべり続けさせなければならない。そして、流れが決定的になったら一気に畳み掛けるのだ。

智子さんとの打ち合わせでは、答えが「イエス」「ノー」で終わってしまうような質問はできるだけしないことにしていた。「なぜ」「いつ」といった、相手が自分から話さなければならないような質問で答えを引き出し、それを糸口に会話を展開させて墓穴を掘らせる作戦だった。

「そういう時の先生の側の気持ちをざっくりで結構なんですが、うかがえればと」

逃げられないと観念したのか、山本は話し始めた。

「……智子に対しては望郷の念、というのがあったんだよね。私たちは出身地が同じ県でね。同県人には望郷の念があった。それから、あなたたちの職場でも好き嫌いはあるでしょ。学校の先生は、生徒に対して平等に接するべきだが。進路を決める時に、智子と『カラオケにみんなで行こう』と言った。結果的にはなぜか、智子と二人きりだった」

「みんなで行こうと言ったのは私ですよね」と智子さんが訂正する。

山本は舌がうまく回らないのか、つっかえながら続けた。

「だから……その話をしようと。それで二人でドライブして、お互いに楽しんだんだよな、最初はな」

山本は同意を求めるかのように、智子さんを見ながら、やたらと最後の「な」を強調して、自分の意見を押し付けてきた。「合意の上」だという話にしたいようだ。

意味不明の弁解に対して、智子さんの顔には「違う」と書いてある。智子さんがその言い訳を遮り、「待った」を掛けた。

「ホテルは隣町にありましたね」

怒りを抑えて静かに尋ねた。そんなに遠い所まで連れて行ったのはどういう意図だったのか、と問おうとしていた。

「隣町を車で走り回ったのは確かだ」

「子どもだったから、本当にカラオケに行くんだろうと思ってついていったんです。最初から私を誘おうと思っていたんですか」

食ってかかる智子さんをまるで諭すかのように山本が言い返した。

「あのーね……俺の方が誘った面もあるかもしれないけど、智子の方が誘っていた面もあったよ」

全く予想もしない反論だった。智子さんはあっけにとられていた。私は思わず疑問を口にした。

「そうなんですか？　それは、どういう感じで？」

山本は平然と続けた。

「本人はそういうつもりじゃなくても、誘っていると誤解される面はあったよ」

さすがに智子さんも間髪を入れず、激しく反論する。

「誘っていません。『カラオケに行きましょうよ』なんて、私の方から誘ったことがありましたか？」

「つ…つ…つまり」

釈明する舌がもつれた。

「車に乗って走り回っている時、キャッキャ、キャッキャと、にぎやかに楽しんでいたよ。まあ、子どもだったかもしれない。わくわくしていたのか。それが逆に、あなたの方が誘っていると見られても仕方ない様子だった」

何という屁理屈《へりくつ》。かつての担任は、筋の通らないめちゃくちゃな理屈で教え子をねじ伏せようとしていた。

「……まさか、ホテルに行くとは思っていませんでした」

智子さんは理不尽さを感じながらも、それだけ言うと、黙り込んでしまった。そう言うのが精いっぱいの様子だった。思わぬ反撃に、また弱気の虫が出て「やっぱり私も悪いのか」と悩み始めた顔がそこにあった。

「いい子、いい子」

身勝手で意味不明な言い訳に戸惑いつつ、私は山本から言葉を引き出そうと必死だった。いつ席を立って逃げられても不思議はないのだから。智子さんの代わりに次々に質問を繰り出さなければならない。

「ホテルに誘ったのは先生の方からですか」

「言ってない。ただ、自然に……」

「自然に、ですか？　いやあ、自然には行かないと思いますけど」

張り詰めた場の空気にはそぐわなかったが、私は思わず笑いながら聞き返した。

「自然にというか……下心はあったのかもしれない。あの辺の田舎の方だと、カラオケをするにはホテルしかないんだよな。地元にもカラオケボックスはあるけど、生徒がよく来るから」

私はさらに質問で返した。

「車でホテルに入る時には、カラオケをしたかったんですか」

「……何を考えていたかは分からない。ただ、お互いに気持ちを探り合っていた面はあったかもしれない」

「いや」と智子さんが口を挟みそうになったのを、慌てて遮るように山本が続けた。

「智子が拒否するかどうか、とね、探っていた」

時折、他の客や店の人が話しながら、引き戸のすぐ先の廊下を通り過ぎる。「いらっしゃいませー」とにぎやかな声が聞こえた。まさか、この部屋の中でこんなにややこしい話をしているとは誰も思わないだろう。

「それで、とにかく二人でホテルの部屋に入って、性的な関係を持ったことには間違いないですよね？」

念押しするかのように、私が尋ねた。

「……性的な関係というと？」

核心を突かれ、山本はとぼけた。私はあえて軽い調子で尋ねた。

「しちゃったわけですよね？」

「最後まではしてない」

この時、突然、山本が否定を始めた。わいせつ行為までは認めても、強姦《ごうかん》や強姦致傷容疑で逮捕されるような事態は避けたいと考えたのかもしれない。何とかこの場を切り抜けたいと必死で頭を働かせている様子だった。

「しましたよ」

智子さんがピシリと言うが、山本はその後も否定を繰り返した。

このままでは山本が貝になってしまう予感がして、私は慌てて話題を変えた。

「心情的に、なぜそういう行動になったのかを聞きたいんです」

「……やっぱり、一人の女性として見ていたというのかな、ある面では生徒として見て、ある面では女性として見ていた。好意を寄せていた面はあるでしょう」

インタビューする時は相手の目や口元を見ながら、時にうなずきつつ、「分かる、分かる」という雰囲気をかもし出すのがコツだ。どんなに嫌な相手でも、それは同じだ。むしろ、世間から非難されるような相手であるほど、相手の懐に飛び込んで話を引き出さなければならない。私は山本の目を見ながら、ゆっくりと話した。

「ご家庭はあるわけだけど、男性としてそういう気持ちはあるわけで、智子さんをホテルに誘ったんですね？」

「…………」

一呼吸置いて質問を続ける。

「ホテルでは具体的にはどんな行動を取りましたか」

「……小学校の先生が『いい子、いい子』と頭をなでるような、抱きしめてあげるような心境だろうな」

微妙に問いと答えが食い違う。山本は少しずつ、しかし確実にごまかそうとしていた。インタビューの形を取りながら、事実を認めさせなければならない。山本の言葉をこちらも意識的に繰り返して尋ねる。

「何度か関係を持ったのは間違いないですよね。『いい子、いい子』という情みたいなものから愛情に変わっていったということなんですか。気持ちの変化はどんなふうだったんでしょうか」

「気持ちの変化というのは、私一人じゃないですよね。相手があることです。本当の大人であれば、乗車を拒否するでしょうし。拒否しなかったので、智子にも気持ちがあったはずです。智子は一人の女性として見られる年齢だったし、そう見えたんだよね」

ある時は「大人」。都合のいい時だけ子ども扱い。矛盾だらけだ。どう攻めるか私が頭をフル回転させていると、智子さんがぽつりと言った。

「初体験で、何が起きるか分かりませんでした。本当にカラオケだけだと思っていたから。最初はすごくびっくりして、抵抗しましたよね」

「…………」

答えない山本に私が質問を重ねる。

「先生としては、初体験ということを聞かされた時、ショックでしたか」

「それは……今、初めて知った。……最後まではしていないが。最初から力ずくではないが、初体験ということもあって、彼女は男の力のなすままに身を委ねたかもしれない」

自分に都合のいいように弁解しつつ、それでも反省しているのかと思った途端、山本の口から正反対の言葉が出てきた。

「でも、二人で会って楽しんでいたよ。最後に会った時まで明るかったもんな」

山本は「二人で楽しんだ」という言葉を何度も繰り返し、強調した。智子さんはすっかり黙り込んでしまった。

進学を意識

場の空気を繕うかのように、私は山本のコップにビールをついだ。山本が両手でコップを差し出す。コポコポコポ。ホップのにおいが広がった。あまり間を空けないように気を付けながら、山本が自分から話すように仕向けていく必要があった。

「そういうことに対して、先生は心理的な抵抗感がなかったんですか」

優しく聞いてみる。

「私も雰囲気に流された。一人の女性として、拒否されるのなら、身を引く。智子も俺のことが好きなら、拒否しないだろうと思った。ただ、本当に立派な教師なら、少なくとも卒業まで待つべきだっただろうな。ちょっと心が弱かった」

時々、反省するような口調になるのだ、この人は。私は努めて冷静に質問を重ねた。

「好きになって、一線を越える時に迷いはなかったんですか」

これは引っ掛けの質問だった。「一線を越えた」ことを前提に聞いている。

「……智子は嫌がったかもしれないな。私には一線を越えた記憶はないが。胸を触る段階で智子が嫌がったから、それ以上の行為はしていない」

引っ掛からなかった。私は押したり引いたりを繰り返しながら「ここは畳み掛けなければならない」と考えた。

「智子さんの話では、かなり具体的な事実として記憶があるようです」

「俺は記憶がない」

このままではまずい。そう思った時、智子さんが口を出した。

「私は衝撃的で覚えています。血も出ていました」

山本はそれでも「覚えていない」と繰り返した。ただ、わずかな間に、頑強な否定から「覚えていない」へと言葉は変化していた。

私は再び質問を切り替えた。山本が話しやすい方向に誘導するためだ。

「私が聞きたいのは、気持ちの部分です。例えば仕事がきついとか、当時、かなりストレスを抱えていましたか」

「ストレスは、背景としてあったかもしれないけど、まずは智子が好きだったという気持ちが前提にあった」

答えながら、山本の方から智子さんに尋ねた。

「最終的に待ち合わせに来なくなったのは、智子が判断したんだね」

なぜ智子さんが来なくなったのかをどうしても知りたい様子だった。

「三年生になる前、進路の話が具体的に出るようになったころ、『内申書の点数を上乗せする』と言われましたよね。『だから、次の転勤先だと思われる高校の近くの大学に進んでくれ』と。それで、ずるずるとこの状態が続くとまずい、と考えて逃げたんです」

「拒否したわけだな」

山本は無念そうだった。

「実際、内申書を開けてみたら、点数がかなり高くなっていました。十段階の十点や九点ばかりが並んでいて」

「内申書はね……」

山本は急に教師が生徒に言い聞かせるような口調になった。

「みんなに高く付けるんだよ。あなただけじゃない」

そんなのは常識じゃないか、といった口調だった。なぜか時々、ひょっこりと「教師」が顔を出す男だ。しかし、こんなところでそのうそを追及して時間を食っている場合ではない。私はちらりと腕時計を見た。店に入ってから一時間以上が過ぎていた。昼の営業時間を考えると、この店で使えるのはあと一時間ちょっとだ。

話を脇道にそらせてごまかす狙いなのか、山本はこまごまと内申書の付け方を説明し始めた。その言葉を遮るように、私は質問を続けた。

「最初にホテルに行った時、まずいとは思わなかったんですか」

山本は弁解を繰り返す。

「まずい方向に進みつつあるとは感じていた。智子にとっては、待ち合わせに来ないのが第一段階、車に乗るのを拒否するのが第二段階、と断れる場面は何段階かあった。けれども、智子は拒まなかった。俺は言われるがまま、車を走らせていた。智子がもう少し大人であれば、関係を切れる場面があった」

「断らないのが悪い」と言わんばかりの口調だ。黙っていた智子さんが思わず言う。

「何が起きるか想像できなくて、どうしていいか分かりませんでした」

心の叫びだった。

「嫌よ、嫌よも」

私は「立会人」として整理するかのように尋ねた。

「二人の気持ちには落差があるようですね。智子さんは当時、子どもなので言われるままに応じ、断れなかった。一方、先生の方は『ここまで来て、断ろうと思えば断れるのに、断らない』と考え、気持ちを確かめながら段階を踏んで、『ここまでは大丈夫』というふうに関係を深めていった、と」

「逆に言うと、私がそういう行為をしなければ、かえって智子の気持ちを暗くさせてしまうのではないかと思った。智子は既に経験があるだろうと思っていた。経験がないと分かっていれば、私の捉《とら》え方も違った」

「『初めてじゃないだろう?』と盛んに聞いていたらしいですが」

私の質問に、山本は答えをはぐらかそうとした。

「智子だけでなく、他の生徒にも聞いていた。高校生の半分以上が経験済みというデータもある。日常会話の一部だ。真面目に捉えられると困る」

智子さんは本音を明かした。

「最初に『初めてか』と聞かれた時は、初めてだけど、『初めてではない』と背伸びして答えていました」

山本は白々しく話す。

「背伸びしていたことは今、知った。一緒にいる時、智子は明るかったでしょ。智子に嫌われたくないから、力ずくでやろうとは思わなかった。ある段階でやめた記憶がある」

智子さんが思わず反論した。

「シーツに付いた血を見て、処女がなくなったと思いました」

私が割って入る。

「二人の話を並べると、具体性から智子さんの方に真実味がありますね」

しかし、山本はなおもごまかそうとした。

「お互いに記憶があいまいだ」

「先生ということで信頼されている。それを裏切っている、という後ろめたい気持ちはあったんでしょうか」

「その時、私は教師ではなかった。彼女は一人の女性で、生徒であることを忘れていた」

あくまでも「男と女」の話にしようとする山本に、智子さんが猛然と反撃を始めた。

「一度、定期テストの問題を見せてあげる、とバッグから出しましたね」

山本の明らかな不正に話を切り替え、具体的な事実を示したのだった。

「……………」

答えない山本に私が続けて問う。

「気持ちを引き留めたかった？」

「智子が来るように、何とかしたいと思ったんでしょう。私は弱くて、智子に流されるままだったんです」

二人の隔たりは大きかった。再び、私が整理するかのように、諭すように問い掛けた。

「先生と生徒の思いとしては、かなりギャップがあるような気がします。生徒は進学に不利になったり、ばらされたりすると困るから、断れなかった、というケースを他でも聞きます。その気持ちは理解できますか。智子さんは『断って進学に不利になると困るから従ってしまった』と言っています」

ここで山本は意外そうな顔を見せた。

「そんなことを考えていたなんて、今、初めて知った。もっと大人だと思っていた。拒否されたらそこでやめていたはずだ。拒否する様子もなく明るいから、智子にも気があるのかと思った」

たまらず智子さんが言う。

「キスされた時、突き放そうとしました」

「……そんな抵抗は、女として誰でもするような『嫌よ、嫌よも好きのうち』という行為かと思ったよ。抵抗も、智子の計算のうちかと思った。俺の方が誘われているかと思った」

のらりくらりと身勝手な弁解が続き、謝罪の言葉は出てこなかった。

全くの平行線だった。

「教師としてまずかった」

少しでも山本から事実を引き出したいと考えて、私は最初から仕切り直すことにした。

「服は先生が脱がせたんですか」

「俺が脱がせたんだろうな。でも、完全に拒否するなら、脱がせる段階でできる。抵抗する力はあるだろうから。だから、智子に受け入れられたと認識していた」

智子さんの「突き放そうとした」という言葉も耳に入らないようだ。智子さんはあきれながらも言葉が出ない状態が続いた。

「一回目は服を脱がせて、胸や下半身を触ったということですね。最後まではまずいと考えてやめたとおっしゃる？」

「そうだね。段階を踏んでいた」

「二回目も会いましたよね？」

「具体的な記憶があいまいだ」

智子さんが引き取る。

「二回目は一回目とは違うホテルに行きました。一回目は部屋が独立しているコテージタイプでしたが、それとは別でした」

山本が釈明する。

「……二回目も気持ちの探り合いです」

私はさらに山本の供述を引き出そうとした。

「記憶としては、最後の段階で拒否されたとのことですね。二回目はどんな感じで？」

「ある段階に進むと、智子は拒否していました」

「抵抗の様子はどんな感じでしたか」

「表情や雰囲気に見られました。初めての経験なら、どこまで進んだか分からなかったんじゃないかな」

悪びれずに答える。いくら何でも、そんなことはないだろう。私は智子さんの顔を見た。

「そんなことが分からないってことはないでしょう？」

智子さんが答えた。

「はっきり記憶しています」

そろそろ、山本に引導を渡す時が近づいていた。

「智子さんの気持ちを聞いてどう思いますか」

「まずかったかな、教師としては。今、初めて智子の気持ちを知った。ずっと大人の女性として見ていた」

ようやく、山本が非を認めた瞬間だった。

うまく話せない智子さんに代わって、これまでの智子さんの苦しみを伝える必要があった。

「智子さんから、拒食症や男性不信になったと聞いています」

「…………」

「今、『これまでつらかった』という気持ちを聞いていかがですか」

長い沈黙の後、山本が突然、頭を下げた。

「……すまなかったと思う」

私が問う。

「男として？　教師として？」

「今に至るまで、智子も俺のことを男として見ていたと思っていた。つらい気持ちだったなんて、一時間前まで気付かなかった」

どうして危険を冒してそんなことをしたのか、もう少し聞いてみたかった。

「奥さんもお子さんもいて、女子生徒に声を掛ける気持ちというのは、ほれちゃったから仕方がないということなんですか」

「智子は他の生徒より上の年齢に見えた。一人の女性として好きになっただけだ」

「リスクがありますよね。ばれたら立場がなくなるでしょう」

山本は言い訳を続ける。

「私が妻との離婚を考えていたとしたら？」

急に離婚話が出てきて戸惑ったが、これも山本の背景を探る手掛かりになるのかもしれない。

「心に隙間風が吹いていたんですか。寂しかった？　智子さんに『好きだ』『寂しい』と話していたと聞いています」

山本の弁解は奇妙だった。

「俺は智子に、ふるさとの母を求めているような気持ちだった」

私はあきれながら聞いた。

「自分の娘と同じ年の生徒に手を出したというのは、どうなんですか」

「冷静に考えれば、まずかったと思うよ。ただ、それ以上に、智子に対して恋愛感情があったよね。二十二、三歳ぐらいの女性として見ていた」

「ばれても仕方がないと思っていたんですか」

「それを超えたところに、智子がいたんです」

職業倫理

私は一般的な例を持ち出しながら、山本の本音を引き出そうとした。

「こういう問題をなくすには、先生が心に線引きをして、少なくとも、卒業するまでは手を出さないようにするべきです。あなたの場合、職業倫理的な迷いや悩みはなかったように見えます。どうすれば、全国でこういった問題が起きないようになると思いますか。研修をして、何かあったらすぐに懲戒免職にするような厳しい処分で臨む、ということだけでは駄目ですか」

「駄目だろうな。私が智子を大人として見ていたのなら、それは一つの巡《めぐ》り合わせだ」

質問と答えは全くかみ合わなかった。

「当時は十六歳です。先生には大人びて見えていたようですが、本人は精神的に幼い。確かに、今の子どもは大人びています。だけど、高校生の精神状態はぐちゃぐちゃで、まだ子どもです。その辺りは教師なら、お分かりになっていたでしょうに」

「誤解してたんですね。そして智子の方も、背伸びして見せたがっていた」

「先生なんだから、誤解しないように線引きしないといけないでしょう」

諭すように私が言うと、山本は自説を雄弁に語り始めた。

「その通りだね。そのとおーり、ですね。……その通りですが、それをあまり強く出しちゃうと……。私は今の高校の生徒にはできるだけ話をしないようにしている。話をすれば、どこまでも入っちゃうんだよね、授業外のところで。智子のいた高校ぐらいの生徒だと、ちゃんとしているし、何を言っても素直に言うことを聞く。大人としての行動でしょ。ところが、私が今いる高校の生徒は、もうね、黙っていてもベタベタベタベタとくっついてくるわけですよ、小学生と同じように。『おまえら、ここは小学校じゃないんだ』といつも言う。彼らの方が高校生といえば、高校生なんだよな。だから、できるだけ接しないようにしている」

その上で、耳を疑う言葉が続いた。

「ところが、できるだけ接しないようにしていると、教育活動ができないんですね。八時間は一緒に学校にいる。だから、ある程度は接しないと教育活動ができない」

「教育活動」って何だ？　ただの開き直りの言葉だ。結局、山本にとって智子さんは生徒でなく「女」だったのだろう。あれほど悩ませた男は何も思っていなかったのか……。予想外の言葉の連続だった。

私は憤然としながら、疑念を強めていた。「こいつ、今もやっているな」と。だから、攻めてみた。

「これまで教えていて、魅力的な生徒さんも大勢いらっしゃったでしょう」

「学校によるね。今いる学校は……」

プルルル、プルルル、プルルル。その時、突然、大音響で室内の電話が鳴った。

「そろそろお時間ですが」と言われ、「はいはい、分かりました」とそそくさと切った。

私は山本に向き直り、慌てて質問を続けた。

「それで、今いる学校は？」

「智子のいた高校とは全然違う。小学生みたいな生徒ばかりだ」

「これまで教えた中では、智子さんは自分の好みのタイプの生徒だったということですか」

「タイプだった」

「その他の子はどうですか」

「それは、何人かはいますよ。何人かはいるけれど。……それからもう一つはね、智子の場合は、魅力的であるのと、智子から誘っている雰囲気があった」

「隙があったということですか」

「逆に言えば隙なんだろうなあ」

「智子さんは口が堅かったから誘ったんですか」

「そうじゃない。好きだ、きれいだと思っても、他の生徒とはそういう感じにはならなかった」

「智子さんの同級生とは、どうだったんですか」

「智子は恵美とできていると思っていただろうけど、違います。そう思われるような生徒はいますが、一方で、智子が想像できない生徒で魅力を感じている生徒もいますよ」

何だか意味不明だが、とにかくいろんな生徒に手を出そうとしていた様子は感じ取れた。

私は質問を重ねながら、どこかで決定的な言葉を引き出せないかと狙っていた。

「そういう気持ちになる生徒さんはいるんですね」

「気持ちになることはあるが」

「どこか行かないか、と誘っても、断られたりするんですか」

そう尋ねた時、山本がついに罠にはまった。

「断られたり、あるいは冗談として済んでしまったり」

やっぱり誘っているんじゃないか。智子さんと目が合った。重ねて聞く。

「カラオケやドライブに行こうとした生徒は、他にはどうですか」

山本もさすがに「しまった」と思ったのだろう。

「いないです。だって、智子だって、拒否できただろう」

智子さんが小さな声で反論した。

「……どこで拒否すればいいのか、分かりませんでした」

山本は責めるような口調で話す。

「この段階でも『ノー』と言わない、ここでも『ノー』と言わないから、結局、最後まで行ってしまった」

「ありがとうございましたー」と叫ぶ女性店員の声が急に大きくなった。しかし、ここはもうちょっと粘らなければならない。

黙り込む智子さんに聞く。

「智子さんとしてはどういう認識でしたか。その当時、山本先生を男性として見ていましたか」

「好き嫌いの感情はなく、先生はあくまでも『先生』でした。自分が『女』として見られていたなんて、思いもしませんでした」

山本はうなだれた。

「……智子を利用してしまったかもしれない」

「今となっては、してはならないことをしてしまったな、という思いは、ありますよね？」

私が尋ねると、山本は黙ってうなずいた。もの悲しい目だった。

「少なくとも、教師としては許されない行為だったな、という認識は持っているんですね？」

再度の質問に山本はまたうなずいた。しかし、この念押しの質問がどこまで通じていたかは分からない。山本が口を開いた。

「ただ、やっぱり学校の先生たちも、生徒と接する機会が多くなればなるほど、偏った愛情に変わる危険性は常にはらんでいる」

なぜ、ここで一般論なのか。智子さんに尋ねた。

「智子さん、当時のことを先生に謝ってもらいたい気持ちはありますか。このことがなければ、ごく普通の高校生活を送れたでしょう」

智子さんが山本を見る。

「確かに精神状態は不安定になりました。つらかったです。ただ、謝ってもらいたいというより、きちんと事実を知りたかったんです。後は……教師として間違っていたということを認めてもらいたかったんです」

ここで年配の女性店員が引き戸の外から「もうお時間なんですが」と少しいらだったような声を掛けて去っていった。私は「今、行きます！」と叫びながら、山本に答えを促した。もう少し、もう少しだけ粘らなければ。ここで打ち切るわけにはいかない。

「智子さんの話を聞いて、先生としては『まずかったなあ』と本心から思われてるということですか」

山本が声を絞り出す。

「……ま、最終的には教師もただの一人の人間なんだな、ということですかね」

結局、智子さんの思いと山本の答えは最後までかみ合わないままだった。人ごとめいた無責任な感想に頭にきた私が問いただした。

「教師が『ただの人間』じゃ困るわけですよね。今の話を全国の子どもたちや親が聞いたら『いや、ただの人間に教えてもらっているつもりはないんですけど、そう思って付き合わないといけないんですか』って言うと思いますが、違いますか？　だって、そうでしょう？」

つい声を荒らげてしまった。

「いや……」

私から思いをぶつけられた山本はたじろいだ。しかし、もう遠慮する必要はない。駆け引きも要らない。こちらの思いをぶつけ、きちんとした言葉を引き出すのだ。

「人ごとのように『ただの人間なんだな』で終わると、ちょっと、この話の総括としてはつらいかな、と思うんですが。やっぱり、『まずかったな』『やっちゃいけないことをやってしまったな』と思っていただかないことには」

山本はここでやっと、きちんと頭を下げた。

「それはやっぱり、その通りですね。取り返しがつかないことをしました。智子がそこまで思いつめ、拒食症なんかになっていたとは知らなかった。本当にすまなかった」

「今となっては反省しているんですか」

「はい」

山本は事実を認めて一応、反省の姿勢を示し、この日の対決は幕を閉じた。

三人が立ち上がった時、部屋にはほとんど手付かずの料理が残されていた。

私は山本に声を掛けた。

「どうもすみません。急に出てきて驚かれたと思うんですが」

「いやあ、驚きました」

他に言葉が見つからない様子だった。それは驚いただろう。しかし、本当に驚くのはこれからだ。この時、山本は、その後の自分の運命をどこまで分かっていたのだろう。

「頑張って」

山本は最後に智子に声を掛けると、足取りも覚束《おぼつか》ない様子でふらふらと店を出ていった。

教育委員会

加害者の教師、山本武との対決を終えた数日後。横山智子さんは元気がなかった。教育委員会に処分を求めるかどうかで悩んでいた。

「高校時代の友達に、教育委員会に訴えると話したら『あなたも加害者だ』と言われて」

その意味を聞き返すと、泣きそうな声で続けた。

「その気になれば逃げられたはずだから、誘いに乗ったあなたも悪い。相手も家庭がある。今更そんなことをしても、って」

さらには、「仕返しされないか」「うわさが怖い」といった不安から「大ごとにしたくない」という本音ものぞく。

「でも、『それは違う。悪いのはあいつ。あれは不倫なんかじゃない』と言い返しました。『私は被害者で、被害を口にしていいんだ』と思えるようになってきて」

智子さんはそう言い切って顔を上げた。

一番の不安は、教育委員会に「あなたも悪い」と言われないかということだった。

ＳＳＨＰの亀井明子さんは教育委員会とやりとりする機会が多く、「被害を訴えて処分を求めても、教育委員会から被害者が責められるケースも珍しくない」と言う。

公立学校の問題は、教育委員会の存在を抜きには語れない。ここで教育委員会制度をざっと説明しておこう。

教育委員会は戦後、民主主義教育の根幹をなすものとして発足した。太平洋戦争の遂行に軍国主義教育が大きな影響を与えたと判断した戦勝国の連合国軍総司令部（ＧＨＱ）の勧告に沿って、各都道府県と市町村に、首長とは独立した行政機関として設置された。

政治から離れて教育の中立性を確保するため、首長は教育行政の直接的な決定権を持たず、原則五人の合議体の教育委員会が教育行政の最終的な権限を持つ。教育委員は戦後の一時期、選挙で選ばれていたが、一九五六年制定の地方教育行政法で、首長による任命制になった。非常勤で、基本的に民間人から選ばれる。月一回程度開かれる定例の教育委員会で話し合った上で、公立学校に対する最終的な判断を下すことになる。

しかし、そう書くと、「教育委員会って、いっぱい人がいて、部長とか課長とかが指示を出してるんじゃないの？」と思われるかもしれない。本来の「主」は教育委員なのだが、これは建前で、実際はその委員を支えるたくさんの事務職員が日々の教育行政を動かしているため、「教育委員会＝事務方」のイメージになってしまっている。

事務方にお膳立てされた議題を形だけ議論することが繰り返され、教育委員は「お飾り」と見られることも少なくない。職員には自治体の事務職員もいるが、現場の教師から選ばれて数年間配属される人も多い。高校教師の山本が「県教委に異動する話は断った」と話していたことを思い出していただきたい。

政治的中立を担保するために、いわば教育行政の素人《しろうと》が玄人《くろうと》を指導する、というのが制度の根幹だが、実際は玄人が用意した舞台装置の上で、振り付けされた素人が委員を演じている、という格好になっていることが珍しくなかった。これがしばしば批判されがちな教育委員会制度の形骸化の問題だ。本来、「市民の意見を聞いて、みんなのために動いてくれる組織」を期待されていたはずが、実際は役人の都合で動いているんじゃないか、という疑念が背景にあるのだろう。

滋賀県大津市のいじめ自殺問題に端を発して、主に首長の側から「機能不全」として強く批判され、教育改革を目玉政策の一つにしたい安倍政権が二〇一四年六月の法改正で教育委員会制度を大きく変えた。首長の関与を強めるのが主な狙いだ。この改正に対しては、首長次第で教育行政が大きく左右されるのはおかしいという批判も強い。

これまで、教育委員の代表は五人の中から互選された「教育委員長」だった。この役職は、教育行政のトップの「教育長」とは別物だ。ややこしいが、法律上は、教育長も教育委員の中から教育委員会が任命する。つまり、役所の職員として順調に出世してきた人物が、本来は素人で構成されるはずの委員に交じって首長から選ばれ、暗黙の了解で教育長に推される形だ。素人の代表の教育委員長が最終的な決定権者だったが、現実には玄人のトップの教育長の意見に左右されることも多かった。教育長は行政の玄人で、決して教育一筋で来た人ばかりではない。このため、首長の意向が間接的に働く結果になっていた。

それが、地方教育行政法の改正によって、教育委員会のトップは、教育委員長と教育長を統合した新ポストとしての「教育長」になった。玄人の教育長がさらに権限を増して、いわば「スーパー教育長」になるわけだ。

さらに、首長が主宰して教育委員会と協議する「総合教育会議」を全自治体に設置することも決まった。教育行政の指針となる「大綱」の内容などを話し合う会議で、決定権は首長にある。首長の教育への関与がより強まることになる。文科省は「教育委員会が同意していない事項が大綱に記載されることもあり得る」としている。教育委員会は、かろうじて教育行政の最終権限を持つ執行機関として残ったが、今後、混乱が懸念される。改正法の施行は二〇一五年四月だ。

話を戻そう。加害者の教師、山本との対決で本人の証言を得た智子さんは県の教育委員会に訴えることを決めた。どういう段取りで進めるか。私たちはまたも打ち合わせを重ねた。そして、まずは電話で感触を探った上で、経緯をまとめた文書を県教委に郵送し、その後、直接乗り込むことにした。「文書を出した方がいい」と言い出したのは亀井明子さんだ。役所を動かすには文書が効果的だ、というアドバイスだった。

ただ、まだ県教委が味方になってくれるかどうか不安だった。そのため、電話や文書では学校名や加害者の名前は書かないことにした。先回りされて調査が始まり、準備が不十分なまま山本に直当たりされて「本人が否認したから事実関係が分からない」なんて言われたのでは元も子もなくなるからだ。最初は認めていたのに、教育委員会の調査が入って否認に転じるような事例はよくある。用心するに越したことはなかった。

実は、山本との対決の一カ月ほど前、私は既に県教委の課長に電話していた。ちょっとずるい手だが、一般論を装ってジャブを打っていた。文部科学省は毎年十二月、一年間のわいせつ行為を含めた教師の懲戒処分結果を発表する。その記事の取材の一環という形で電話して「もし、卒業後、何年かしてわいせつ被害を訴える人がいたら、どういう対応をするか」と尋ねていたのだ。答えはもちろん「事実関係がはっきりすれば処分対象になる」ということだった。当然、相手は「そういう教師が本県にいるんですか」と尋ねる。私はあいまいに答えて電話を切った。この段階ではまだ対決も実現していなかったし、智子さんの意思もはっきりしなかったためだ。

しかし、私たちは加害者本人の証言も得たし、被害を訴えようとする智子さんの腹も固まった。今こそ県教委にきちんと事実を伝えるのだ。文書が届いたころを見計らって、私たちは共同通信の会議室から県教委に電話した。

プルルルル……。緊張が高まる。比較的広めの会議室で、ソファに腰掛けた智子さんも表情を硬くしていた。夕暮れ時、高層ビルの窓からは赤いネオンに輝く東京タワーがきれいに見えた。まずは私が概略を説明しようと、課長を呼び出してもらう。だが、不在だった。人事担当者もいないという。仕方なく、電話に出た相手に名乗って新聞記者であることを伝えて、これまでの経緯をざっと話し、「明日、また電話します」と言って電話を終えた。この時期は春の人事異動に向けた作業の追い込みで、人事担当者は皆、別室にこもって連日、打ち合わせを続けていたのだった。連絡を取るのはなかなか難しそうだった。

肩すかしを食らった翌日、再び二人で会議室にスタンバイした。私が県教委に電話すると、今度はあっさり担当者が出た。

私は「共同通信社の社会部の記者で池谷と申します。人事異動の作業でお忙しいところ、呼び出して恐縮です」と切り出した。相手に用件は伝わっている様子だった。「被害者の女性はここにいますが、負担を減らすために、まず私が概略を説明します」と続ける。

「卒業したのは八年前になりますが、彼女は高校生のころ、当時の担任に『カラオケに行こう』とホテルに連れていかれ、襲われたんです。その後も強引に関係を持たされて、そのことを気に病んで拒食症になって、ずっと誰にも言えずにきました。私はスクールセクハラの取材過程でその話を聞いて、先日、加害者を含めて三人で話をしました。その教師は今でも同じようなことを繰り返している疑いが濃厚なんです。被害者本人が証言をしたいと言っています」

相手も緊張しているのだろう。いちいち細かく問い返してくる。「会ったんですか、その教師と?」「それは、どこの高校の何という教師ですか」。しかし、「それはまだ話せません。会った時にお話しします。今、東京にいますが、そちらにうかがいます。本人の希望で、私も同席させてください」と言って段取りをつけた。

勇気出し訴え

私は「事実かどうかは話を聞いて判断していただければと思いますが、私は第三者として被害者と加害者の話し合いに立ち会い、両方の話が一致しているので、客観的に見て、事実であることは確かだと考えています」と話した上で、智子さんに電話を替わった。

智子さんは恐る恐る話し始めた。

「概略は先ほど話していただいた通りです。高校時代にそういうことがありまして。先日、加害者と話してきました」

相手は恐らくメモを取りながら話していたのだろう。細かく質問に答えながら会話が進む。

「二年生から三年生にかけてです」「私と池谷さんと三人で会いました」「一月末です」……。

私はやりとりを見守った。緊張のあまりカラカラになったのどを潤そうと、コーヒーカップに手を伸ばした。静かな部屋にカップが皿とぶつかる音がカチャカチャと響いた。

「加害者も鮮明に覚えていて、事実は私の記憶と合っていました。詳しい事実関係は書面にまとめてお持ちします」

智子さんは、拒食症に苦しみ、ずっと悩みを抱えて生きてきたことも訴えた。被害者の落ち度を探すようなことはせず、加害者の卑劣さに目を向けてほしいと求めた。

黙って聞いていた担当職員の男性は「私の娘も拒食症で苦しんでいます。だから、気持ちが分かります」と言ってくれた。

「あれで気が楽になりました」

智子さんは当時の心境を振り返って話す。

私は再び電話を替わった。

「過去には教師のセクハラに関して、卒業後、十年以内であれば、学校設置者の監督責任を問える、という判例も出ています。以前、課長とも話しましたが、『昔のことだから』ということで済ませられる問題ではありません。その上、この教師は今でもまだ他の生徒に手を出している可能性が極めて高いんです」

そう話すと、担当者は「だからこそ、早く教師の名前を教えてほしい」と求めてきた。「いやいや、そこは会ってお話ししたいと考えています」と押し戻した。

それからしばらくして、私と智子さんは北へ向かう新幹線に乗り、県教委を目指した。

天井の高い古い講堂に案内された。対決の約一カ月後だった。

「ここなら、誰も来ませんから」

職員の言葉に智子さんはほっとしたようだった。加害者の名前を聞かれたが、私が「全部話してから伝えます」と制した。最後まで話を聞いてもらうためだ。智子さんは長年の秘密を打ち明けなければならない。相手は男性二人だ。

「ワタクシは……」

緊張から智子さんの言葉が硬い。

「高校二年の時、わいせつ行為を受けました。事実事項は文書にまとめてあります」

後は一気に話した。進路指導の場でカラオケに誘われ、悩みながら従ったこと。考えもしなかった被害。その後の苦しみ。

「初めての経験で、どうやって対処したらいいのか……。拒否したら何をされるか分からないという思いがあって、されるがままに従いました」

職員は黙ってメモを取った。

「その後も試験問題を渡そうとし、『大学に推薦するから卒業後も付き合おう』と愛人関係を要求されました」

応対は丁寧で、構えていた智子さんは拍子抜けした。

「この教師本人が、今も生徒を誘っていることを認めたんです」

「え？」

智子さんが示した事実に、職員は身を乗り出した。

ついに懲戒免職

「今でも生徒を誘っていると本人が認めたんですか」

教育委員会の男性職員の声が上ずった。

「はい」

智子さんが答える。当時とは別の高校に移った山本は、智子さんとの対決の際、今も生徒を誘っているると認めていた。


ギギギ。椅子がきしむ音が古い建物の高い天井に響いた。智子さんがその対決の様子を話し終えると、職員はため息をついた。

「悩んで拒食症になられたそうですが、私の娘も拒食症で体重が三十キロぐらいになって……。苦しみは分かります」

言葉が心に染み、智子さんは本音を打ち明けた。

「正直、加害者と会うのはすごく勇気が要りました。でも私はもう大人なので、今の子どもたちのためにやらなければ、と決心しました」

智子さんは力を込めて訴えた。

「時間はたっていますが、きちんと処分してください」

求めに職員が応じた。

「ここまで来れば。本人が認めているわけですから。もうこれだけの事実があれば大丈夫です」

放っておけないのは共通認識になっていた。話は終盤に近づいていた。

「これまで両親には相談できていないんですね」

「はい」

智子さんが小声で答えた。今も両親には内緒だ。心配させたくないし、迷惑を掛けたくないためだが、性被害は親にも言えなかった。それだけ根深い問題だった。

山本の名前は約束通り、最後に伝えた。話を終え、智子さんがぼんやり考え込んでいると、職員が言った。

「こういうことはなくて当たり前ですが、たくさん教員がいる中では難しいんです。今後もないとは言えません」

智子さんは、その言葉にやや違和感を持った。「だからこそ、こういうことが『ある』という前提で対策に取り組んでほしい」と。

不満を感じたのか、職員は慌てて加えた。

「体罰のような問題も、もちろんいいわけではないが、セクハラは絶対に許せません。今回のことは、どう考えてもとんでもない行為ですから」

職員の言葉は力強かったが、山本だけではなく、全国の他の問題教師を何とかできないか、とこの時、智子さんは考えていた。

教育委員会には一週間以内の回答を求めた。「そんなにすぐ動けるかどうか」。職員は戸惑いながらも、すぐ高校を訪れて山本を呼び出してくれた。

問い詰められて、あっさり認めたという。その高校の生徒への聞き取りでも、女子生徒に誘いをかけていたことが確認された。

教育委員会から智子さんに「山本を懲戒免職にする」という知らせがあり、「大変な思いをしたけど、頑張ってください」と励まされた。

「とにかくほっとしたというのが正直な気持ちでした。ひどいことをしたんだ、とやっと分からせることができましたから」

智子さんは長い道のりを振り返った。

「子どもは話せない」

「つらい目に遭っていても、子どもはなかなか話せません」

高校時代に担任の山本武から受けた被害を訴えて懲戒免職に追い込んだ横山智子さん。三十代になり、長い道のりを振り返る。

「教師からわいせつ被害に遭ったという話は、私がいろいろ聞くうちに周りからいくつも出てきました。でも、被害者が訴えられず、闇から闇に葬られて、繰り返されているんだと思います。それを何とかしたかったんです」

本音も口にした。

「他に山本の被害者がいたかもしれないと知り、『私だけじゃなかった。私は悪くない』とほっとした面もありました」

事件を語る理由を智子さんは話した。

「加害者と対決して教育委員会に訴えた時には、まだきちんと話せませんでした」

告発後は混乱し、気持ちが整理できなかった。それからさらに時間が流れた。

「もう、私の中では風化してきたから」

つらい経験から立ち直りつつある。告発し、取材に応えたのは人生を見詰め直し、失った自分を取り戻す作業でもあった。

「人って、自尊心があるから『それはおかしい』って言えるんですよね。私は自尊心を奪われてSOSを出せなくなっていたんです」

長年、スクールセクハラに取り組んできた亀井明子さんはこう解説する。

「在学中に訴えられない被害者は多い。卒業後、何年もたって『やっぱり許せない』となる。何十年もたって訴えようとする人もいます。その間、加害者はずっと教師を続けている。でも、法的には時効の壁があります」

民事訴訟で学校の責任を問える時効は十年。ただ、起算点を、事件発生時点でなく、卒業した時とする判決が金沢地裁で二〇〇二年に出ている。「高校在学中の提訴は生徒に耐え難い」という理由からだ。

強姦致傷罪の時効は〇四年まで十年だったが、現在は十五年になっている。智子さんの場合、刑事告訴もできたが、警察や法廷で何度も話すのが嫌で見送った。

亀井さんが続ける。

「今回は加害者が認めたのが決め手になりました。そうでないと、教育委員会はなかなか処分できないんです」

加害者が認めないまま申し送りもなく転勤を繰り返し、別の学校で同様の事件を起こすケースは珍しくない。

二〇一〇年三月、広島高裁は、教え子の小学生十人への強姦や強制わいせつの罪で元教師の男に懲役三十年を言い渡した。一審の公判で検察側は、起訴分も含めて十九年間で二十七人の女児をこの元教師が乱暴したと指摘した。校内の部屋で女児と二人きりでいるのを見とがめられたこともあったが、口頭注意で済まされていた。別の小学校でも女子トイレから女児と出てきたのを同僚が目撃し、校長から「転勤してほしい」と言われたこともあった。何度も事件を止める機会がありながら、放置されていたのだった。

被害に遭うと人生は狂う。ただ、苦しみ続けた智子さんはその後、新しい出会いがあり、結婚した。

「自分を認めてくれる人がすぐ近くにいるのはいいですね。結婚して自信がつき、嫌なものは嫌だとちゃんと言えるようになりました。やっと抜け出せた気がします」

そう言って笑顔を見せた。

第二章

特別権力関係

「彼女に逃げ込んだ」

高校時代に教師の性被害に遭った横山智子さんの取材を進めながら、教師から教え子へのわいせつ問題を考える時、どうしても加害者への深い取材が必要だと私は考えるようになっていった。被害者の声を聞くことは何より大切だ。耳を傾けることで被害者の心が癒やされる場合もある。ただ、最終的に問題解決や再発防止を考えるには、加害者側の状況を知る必要があった。

第一章の山本武は、もともと教師になったのが間違いだったのだろう。教育委員会や学校の管理職がよく言う「一部の不心得者」の典型例なのかもしれない。いろんな生徒にちょっかいを出し、まるで愛人を物色するために学校に来ているようなものだった。採用段階でその資質を見抜くのが難しいというのはやっかいな問題なのだけれど。そんな男を深く追っても、問題の解決策は見えてこない気がした。

一方で、真面目に先生として勤めていたのに、ある時点から転落してしまった人、むしろ、生真面目ゆえに道を踏み外した人も少なくないのではないか。

教師の世界では精神疾患で休む人が急増している。うつ病がその代表選手だ。仕事は多忙を極め、多くの悩みを抱えて、ついに休職に追い込まれる。その統計が発表される毎年十二月、マスコミ各社はこの問題を大きく報じる。教師がそれだけ真面目だという証拠かもしれない。

なぜか同じ発表の中で教師の処分件数も公表される。時には、わいせつ行為の理由に多忙や職場のストレスを挙げる教師もいて、マスコミでも「わいせつ」と「ストレス」を結びつける論調もみられる。この点については私は「それって違うんじゃないかなあ。自分を正当化しようとしているだけでしょう」と感じる。ただ、山本との対決の際には、質問の一つとして「例えば仕事がきついとか、当時、かなりストレスを抱えていましたか」と振ってみた。そう尋ねれば、山本が言い訳にしやすく、話を引き出す突破口になるかもしれないと思ったからだ。山本は「背景としてあったかもしれないけど、まずは智子が好きだったという気持ちが前提にあった」と答え、質問は空振りに終わったが。

もともと先生になるような人は真面目で仕事熱心な人が多いし、子どもが好きでないと務まらない。これまで多くの教師と話してきてそう感じる。日本の教育の特徴でもあり、日本の教師は大変だな、と思うのは、勉強を教えるだけでなく、生活指導も含めた全人格的な指導を求められることだ。長く続いたＴＢＳ系の人気ドラマ「３年Ｂ組金八先生」で武田鉄矢さんが演じた坂本金八のような先生こそ理想とされる。

しかし、熱心に接するあまり、慕ってくれる子どもの気持ちを自分への愛情と勘違いしてしまう人も珍しくないのではないか。

「教師と生徒の恋」は禁断とされ、映画やドラマ、小説の題材にもなってきた。教師の側に葛藤が生じる場面もあるかもしれないが、仮に教え子が好意を寄せてきたとしても、「その気持ちには応じられない」ときっぱり断るのが教師の務めだ。

かつて、ある教育委員会を取材した時、教師出身の職員は、机に向かう同僚たちを見回しながら小声でこう言った。

「この中に何人、教え子と結婚している人がいると思います？　半分ぐらいはそうですよ。だから、私たちも大きなことは言えません」

教育委員会の職員はその多くを現場の教師出身者が占めている。そして、一定の期間が終われば、現場に戻っていく。

その職員はこんな話もしてくれた。

「後輩の教師から相談を受けたんですよ。『教え子と深い関係になってしまった。どうしたらいいか』と。私は『教師を辞めろ』と言いました」

卒業した後、大人になった元教え子と交際するのは自由だろう。しかし、十八歳未満の子どもと肉体関係を持つのは大半の都道府県条例で禁じられているし、十三歳未満なら、子どもの意思にかかわらず、刑法の強姦罪に当たる。さらには、当然のことながら、教師は在学中の教え子への評価権を握っている。成績を付けられるし、それが仕事だ。それを逆手に取って、山本のように成績を良くすることを餌に関係を迫る者までいる。そうでなくても、同じ校内で、評価する者とされる者が恋愛関係になっていいはずがない。「アンフェア」だということだ。

だが、そんなことは当然分かっているであろう、いい大人が失敗してしまうのはどうしてだろうか。ぎりぎりのところで踏みとどまる教師と、そうでない教師の差は何なのだろう。

当事者と膝をつき合わせてじっくり聴くにはどうしたらいいか。「やっぱり、現場に出掛けるしかないか」。私は事件を起こした元教師の裁判を傍聴するため、裁判所に向かった。

「被告人を懲役三年に処す」。狭い法廷の被告席に立ち、元小学校教師の鈴木努は正面に座る女性裁判官の言葉にじっと聞き入った。

「ただし、刑の執行を五年間、猶予する」

執行猶予判決だった。ほっとして、鈴木の力が抜けた。

関東の小学校で二十五年教えたベテランだ。教え子だった六年生の由美さんにホテルでわいせつ行為をして逮捕された。三年生の時に担任し、母子家庭の由美さんを気に掛けて、自分が転勤した後もずっと面倒を見ていた。

母親にとってはありがたい存在だったが、鈴木は、初めて由美さんと二人で外出した四年生の時から二年もの間、まるで恋人気分だった。

「私的な交流を続け、父親のように慕われたことに乗じた」

裁判官が判決理由を読み上げた。

「社会倫理にもとる許し難い行為で、小学校教諭のこのような行為が社会に与えた影響は軽視できない」。厳しい言葉が続く。

「一方、示談が成立していること、前科がないこと、それまで真面目に教諭として勤めてきたこと、懲戒免職で社会的制裁を受け反省していること、被告人なりに反省し『二度と被害児童と接触しない』と公判廷で述べていることを考慮すると、実刑に処すまでとは認められない。矯正の機会を与えることとする」

公判では「特別権力関係」という言葉が使われた。教師は指導のために特別な権力を与えられている。鈴木はその力を利用しており、悪質だと判断された。

法廷で、裁判官の説諭が続いた。

「十一歳で、性的なことの意味を分かっていない被害者に対し、このような行為をしたのはいかなる言い訳もできません。あなたは公判廷で『教師として働いてきた人生すべてを駄目にした』と言いましたが、そうなって当然のことをしました。自分の子が被害者ならどう思いますか」

鈴木は肩を震わせて泣いた。

「被害者と親のつらい気持ちを感じ取って償ってください」

「はい」

うなずいて涙を拭った。

傍聴者が一斉に退廷する。私は急いで外に出て、裁判所の裏口に向かった。執行猶予が付いたのだから、鈴木はすぐ外に出てくるはずだ。

しばらく待っていると、やはり鈴木が出てきた。慌てて駆け寄り、名刺を差し出す。

「教師から教え子へのわいせつ行為を取材しています。再発防止のために協力してください」

鈴木は驚き、慌ててタクシーに乗ろうとした。

「お待ちしています」

手の中に名刺をねじ込んだ。約十年前のことだ。

「まだ職員室の夢を見ます。『ここにいていいのかな』と考えているんです」

判決の時、四十代後半だった鈴木は五十代後半になり、頭に白いものが増えた。もの静かに話す。銀縁眼鏡を掛け、理知的な印象。執行猶予は終わり、自由の身になったが、事件を忘れることはない。今は大人を相手に技術指導の仕事をしている。そのための専門知識は講座で学んだ。職種は違うが、人にものを教える職業からは離れられない。

「教師の仕事は好きでした。でも、根本的なところで間違っていました。自分が権力を持っているなんて考えもしませんでした」

自分を大切に思う自尊感情を由美さんから奪い、心に傷を残す重大さに気付かなかった。もともと子どもに性的興味があったのではないという。なぜあんなことをしたのか。毎日、自宅で手を合わせて由美さんに謝る。

判決の数日後、私に電話が入った。

「私でお役に立てるなら……」

それ以来、取材を何度も重ねた。最初は断片的にしか話さなかった。背景になった学校の職場環境や家庭の状況を詳しく語り始めたのは最近になってからだ。

「あの子は成人したはずです。今なら、もう詳しく話してもいいかと思うようになりました。結局、私は自分のことだけ考えて、彼女に逃げ込んでいたんでしょうね」

なぜ二年もの間、ばれなかったのか。ＳＳＨＰ代表の亀井明子さんと共に活動し、教員養成に携わる神奈川大教授の入江直子さんは分析する。

「長い間、ばれなかったのは先生だからですよ。外に連れ出しても、誰からも不思議に思われない。一般社会では考えられないけど、教師も親も『学校は特別な場所だ』と考えていて、それが隠れみのになっているんです」

「追い込んだ」と妻

「私も悪かった。よく話を聞かず、あなたを追い込んだのかもしれない」

留置場で妻が透明の板越しに涙を流して謝った。鈴木が教え子の由美さんへのわいせつ容疑で逮捕されてすぐだ。鈴木が振り返った。

「私が悪いのに、なぜ妻が謝るのかと不思議でした。確かに、私は追い詰められていたんでしょう」

妻は夫の心に隙間があったと感じていた。

上司の教頭も何度も足を運び、「一番近くにいたのに気付けなかった」と謝った。生真面目な性格をよく知る周囲は、意外な犯行だと受け止めた。

妻も教師で、息子と三人暮らし。問題を起こしたことはなく、一家で旅行にもよく出掛けた。

「失ったものは大きい」と思う。ただ、四年生から二年間も由美さんを支配し続けた犯行状況が分かるにつれて妻の態度は変わっていき、最後は離婚した。

「もともと子どもに性的な関心があったんじゃないですか」

私の問いに鈴木はきっぱりと答えた。

「ロリコンじゃありません。どんなに美少女でも小学生にやましい気持ちを抱いたことはありません」

警察は小児性愛者だと考えて「いかがわしいＤＶＤは押収する」と言ったが、家宅捜索では出てこなかった。

「そんな趣味はありません。大人同士の対等な恋愛のように勘違いしました。十歳だから好きだったのではなく、好きになった相手が十歳でした」

刑事からは「小学生との恋愛なんか存在しない。教師と児童の特別権力関係を悪用したんだ」と断罪された。「特別権力関係」という言葉はこの時、初めて耳にした。力の差で無理やり強要したつもりはなかった。

入江直子さんは言う。

「教え子への権力を意識していないのが一番の問題です。だから、相手の子どもが嫌だと言えないことに気付かないんです。体罰も根は同じで『そんなつもりはない。愛のむちだ』と言う先生は多い」

由美さんを受け持ったのは三年生の九月から半年だけで、翌年度は担任を外れた。五年生になる前に転勤し、鈴木が逮捕された時、由美さんは六年生だった。その間、どんな関係だったのか。

「転校してきた時から目立つ子でした。担任としては、すごく気になる存在でした」

中学生の姉の影響を受けたのか、背伸びしていて、小学生向けのブランドの服に強い興味を示した。

「一学期にクラスがまとまった後、夏休みが終わってから転校してきたんです。友達づくりが苦手で、仲良くしていても次の日は大げんかして」

母親から「男の子にいじめられた」と訴える手紙が届くこともあった。

由美さんは鈴木を独り占めしたがり、「大好き」「私だけの先生でいて」といった手紙をくれた。「先生の右手は私のもの」と言って手を離さないこともあった。「先生は男臭い」と言い、子どもらしくない言葉遣いに鈴木はどきっとした。

由美さんの家は母子家庭だった。

「寂しくて父親を求めて甘えたのかもしれません。クラスに溶け込めず、認めてほしかったんでしょう」

今思うと、それだけだ。

「三年生が終わる春休みに、彼女も一緒にピクニックに行ったのが転機になりました」

弁当に大きなハート

小学三年生が終わる春休み、鈴木は教え子を車に乗せ、ピクニックに出掛けた。由美さんと、一年生の息子も一緒だ。

この時、由美さんはまだ鈴木が「恋人」扱いするような特別な存在ではなかった。担任した児童のうちの一人。ただ、「大好き」と頻繁に手紙をもらい、先生を独り占めしたいという子どもらしい気持ちをぶつけられて、勘違いし始めていた。

「彼女がお弁当を作ってきてくれたんです」

遊具が少しあるだけの公園。昼下がり、春の日差しの中で芝生に車座になり、弁当を広げる。

「先生、はい」

由美さんが差し出した弁当は、ご飯にシャケで大きな赤いハートマークが描かれていた。

「すごく一生懸命というか、かわいくて」

鈴木はその光景を思い出し、目を細めて話す。

「当時は休日に教え子とよく出掛けました」

こうした行為に対しては、公私混同だと批判的な教師も多いだろう。

「本当は学校の許可が必要でしょうが、子どもたちが喜ぶから……」

鈴木は、仕方ないという様子で話す。

その間、妻はどうしていたのか。

「パソコンのオンラインゲームが好きで、一日中やっていても、飽きない様子でした」

教師同士の共働き。妻は不満を口にしなかったのか。

「息子は放課後、学童保育に預けていました。私も時々迎えに行きましたけど、妻には『私ばっかり』と言われました」

溝は深まっていた。

「でも、学校での立場があって、なかなか早く帰れなかったんです」

四十代半ばの鈴木は教務主任に選ばれようとしていた。全学年の教育計画を立て、学校運営の中心を担う重要な役割だ。

「学校全体を考える年になっていました。年相応に責任ある立場です」

いじめや体罰、教師の心の問題など学校の課題が論じられるたび、教師が忙し過ぎて子どもと向き合えないといわれる。

「世間は『先生ってそんなに忙しいのか』と言うけど、雑用がものすごく多くて、本当に忙しいんです」

鈴木は真顔で言う。前任校では、授業方法を研究して提案する立場に選ばれ、仕事に追われていた。

当時の嫌な思い出がある。息子がまだ小さいころだ。

「妻は家庭内の行事をとても大事にしていましたが、そのころすごく忙しくて、私がうっかり、結婚記念日を忘れたんです」

結婚式でもらった大きなろうそくに毎年、火を付けてお祝いするのが恒例行事になっていた。

「ただいま」

鈴木が遅く帰り、部屋に入ると、食卓にろうそくと手付かずの食事があった。ハッとして「ごめん」と謝る。

「私は一生忘れない」

それだけ言うと、怒った妻は夫の顔を見ようとしなかった。

「その時のことはとても怖くて、後で夢にまで見ましたが、教務主任になると、さらに擦れ違っていきました。心に隙間があったんだと思います。でも、それは言い訳ですね。事件の原因は、私の意思が弱かったことに尽きます」

激務の教務主任になるため、鈴木は仕事の岐路に立っていた。

担任外れショック

「教務主任になるのはともかく、それで担任を外れるのが嫌でした。小学校では担任をしていてこそ教師だと私は考えていました」

三年生の由美さんを受け持った学年末の悩みを鈴木は振り返った。翌年度から学校全体の指導計画を立てる教務主任になるよう校長に言われていた。教務主任は担任と兼務せず、一つの教科を複数学級で教える専科教員になって時間を融通しやすくするのが通例だった。

由美さんが毎日のように「大好き」と手紙を渡したのは、そんな時期だった。

「お金がないから手作りする」。由美さんはそう言って次々に贈り物をくれた。お気に入りのハートマークをたくさん描いた色紙もあった。

「不思議ですが、彼女にひかれ始めていました。大人との恋愛でもそうでしたが、私は押しに弱いんです。でも、小学生に恋愛感情を抱くとは思ってもみませんでした」

今は、由美さんが母子家庭の寂しさから父親的なものを求めていただけだと分かる。だが、仕事で悩みを抱え、家庭でも妻と擦れ違う心の隙間に由美さんが入ってきたことで救われたのは間違いない。

性犯罪に詳しい専門家は、中流家庭で育って知的な職業に就いていても、本当に欲しいものが手に入らず、代わりに子どもや女性を性的に支配して欲求を満たそうとする性犯罪者は珍しくない、と指摘する。自分にとって由美さんはその対象だったのかもしれないと鈴木は考える。

三月末の夕暮れ時、車の運転中に鈴木の携帯電話が鳴った。見覚えのない電話番号が示されていた。

「先生？」

由美さんの声だった。

「学校で私の携帯をいじっているうちに番号を覚えたようでした」

その後、頻繁にかけてくるようになる由美さんとの最初の通話の内容を鈴木はとても印象深く覚えていた。

「四年生も担任なの？」

学年が上がっても、引き続き担任になると決まったか気にしていた。この時、既に担任を外れることは決まっていたが、四月までは内緒だった。

「まだ分からなくて……」

鈴木はそう言葉を濁した。

学級担任がほぼ全教科を教える小学校は「学級王国」と呼ばれる。全権を握る〝王様〟に担任をなぞらえ、子どもを支配している、と批判する言葉だ。周囲の目が届きにくいため、この仕組みが事件の温床になることもある。

半年間面倒を見てきた由美さんと離れることになり、鈴木は寂しくて仕方なかった。

「大学で専攻した理科の専科教員になるのが、せめてもの救いでした」

学校の外でも日常的に携帯電話でつながるようになった由美さんには、四月になってすぐ、春休みのうちに、担任でなくなると伝えた。この後、二年もの間、由美さんを自由にできた理由を尋ねると、鈴木はその一つに携帯電話を挙げた。

「今は携帯電話の番号さえ分かれば、いつでも連絡できる。自由にやりとりできなければ、こうならなかったかもしれません」

由美さんは、職員室から理科準備室への小さな引っ越しを手伝ってくれた。

背伸びしても子ども

子どもたちに囲まれた「学級王国」を離れ、理科準備室にいると寂しい。人体模型の骸骨が友達だ。鈴木は担任を外れて、自分の机を移していた。窓から見える体育の授業風景に、一人、取り残された気がした。

「鈴木先生」

新学期の朝、四年生になった由美さんが友達を連れて遊びに来た。それから毎日来るようになった。

間もなく鈴木は誕生日を迎えた。筆記具やノートをくれた子もいたが、由美さんは「お金ないから」と手作りのものをくれた。

「その気持ちがうれしかったんです」

使い古した人形。「お手伝い券」に「肩たたき券」。次々にくれた。「ゆうこうきげん一週間」の「チュー券」まで。「どう使うの？　期限付き？」と聞くと「期限はナシにしてあげる」と由美さんは笑った。鈴木は舞い上がった。

由美さんは芸能界の話題に詳しく、話の内容も口調も大人びていた。

「担任を離れてから、教師とは別の次元で愛情を感じました。今考えると不思議ですが、なぜか深みにはまっていきました」

四月下旬、初めて二人だけで遊園地に行こうと約束した。「日曜はつまらない」と由美さんが話していたからだった。母子家庭の母親は仕事に出掛け、中学生の姉も外に遊びに行く。仲のいい友達もいなくて家で独りぼっちだった。

だが、鈴木が「二人だけの秘密」だと思っていた約束を由美さんは同級生の男の子に漏らしてしまう。

鈴木は思わず声を荒らげた。

「そんなことしたら、一緒に行けないよ」

由美さんは「えこひいき」してもらったと周囲に自慢したいようだった。

「口止めはしなかったけど、他の子に言うなんて」

背伸びしても子どもだった。こっそり出掛けようとした鈴木は、自分からすれば「非常識」な行動に、由美さんを怒鳴りつけていた。

鈴木によく「キレると怖い」と言った由美さんは、後の捜査でこう話した。

「いつもは優しくていい先生ですが、怒る時は怖い顔をして机をバーンとたたく。怒られると、誰でも肩をすくめておとなしく黙ってしまうという怖いところもありました」

結局は鈴木の方から声を掛けて仕切り直し、五月末の休日、二人で遊園地に行った。

「今日は先生と生徒じゃなくて、お父さんと子どもがいい？　それとも、彼氏と彼女がいいかな？」

車内で鈴木は冗談めかして〝役割〟を聞いた。

「えー、彼氏と彼女は違う。でもお父さんと子どもは変。どっちも嫌」

その後、月に一度ぐらい外出するが、二人のずれは広がる一方だった。

「彼女は誰かと休日に遊びに出られればいいだけだったんですよね」

鈴木は、由美さんが友達に話した時点で、気持ちのずれに気付くべきだったのだろう。怒鳴ったのは、やましさを感じたからに違いない。後に鈴木は、由美さんが持っていたのは恋愛感情ではなく、自分を独り占めして父親代わりにしたい、という気持ちだったと気付いている。ここが引き返せるかどうかの分岐点だった。

ほっぺにキスされ有頂天

夏休みに入ってすぐの東京・お台場。ボウリング場に、小学校教師の鈴木努と小学四年生の由美さんの姿があった。

「あら、お嬢さん？」

急に前任校の女性教師たちに声を掛けられた。

「お子さん、息子さんだけじゃなかったっけ」

鈴木は驚きながらも、とっさに「親戚の子です」とごまかした。

私が鈴木に「周りに気付かれそうになったことはないんですか」と尋ねた時、「一番、まずいなと思ったのはこの時です」と答えたエピソードだ。

「彼女に夢中で、誰かに見られたら、なんて考えませんでした」

もう何も見えなくなっていた。元同僚の教師たちからすれば、「親戚の子」と言われれば、それ以上、詮索するような状況でもなかったのだろう。

「そのころには『キスしたい』と伝えていました。嫌がられましたが」

由美さんから手作りの「チュー券」をもらい、すっかりその気になっていたが、しばらく二人は遠く離れることになる。母子家庭で忙しく働く母は、夏休みにはいつも由美さんを実家に預けていた。寂しさが募る上、八月になると、鈴木はさらに落ち込んだ。毎年、管理職試験があるからだ。教育論や学校運営についての論述試験を受けるが、文章は苦手だった。また今年も駄目だと分かっていても、終わるとほっとした。

三十分以上も泣きじゃくる由美さんを前に、鈴木は途方に暮れていた。夏の終わりの遊園地。久しぶりの〝デート〟だった。

「ジェットコースターは苦手」と言うのを「大丈夫だよ」と強引に乗せると、降りた途端に泣き始めた。座り込む由美さんの肩をトントンとたたき続けた。

「ごめん。何乗る？」

「速くないやつ」

ゆっくり走る乗り物に並んで腰掛けると、由美さんは「今日は特別ね」とほっぺにキスしてくれた。

「私のことが好きなんだ、とうれしかった」と有頂天になる。しかし、由美さんは捜査の際にこう話した。

「ほっぺにキスしたのは、先生がすごく優しくてうれしくなっただけです。やっぱり先生は先生だと思っていたので、キスするなんて嫌でした」

二人のずれは大きかった。

「先生って大変なんだね。奥さんは話を聞いてくれないの？」

ある日、由美さんが尋ねた。

「雑務の多い教務主任の立場も、管理職試験に通らない悩みも、妻との擦れ違いも、何でも話せるのは彼女だけでした」

鈴木はいつしか、仕事の愚痴まで由美さんにこぼすようになっていた。

職員室の教務主任の席は校長や教頭の横にあり、他の教師陣と向き合うような形だった。それはそのまま、校内での立場も示していた。

「年上でも、組合員で管理職試験と無縁の人もいる。そんな人は職場で不満を何でも口にできて、うらやましかった」

必ず校長より早く出勤し、へとへとに疲れて帰っても、家でも落ち着かない。孤立し、気分が落ち込んでいても、相談相手は由美さんだけ。一方、由美さんも孤独だった。事件は防げなかったのだろうか。

「私には無理でした。でも、他の教師は不自然に感じていたんじゃないのかなあ……。由美はすごく頻繁に私の所に来ていたし。周りに気付いて止めてもらうしかなかった。『大丈夫？』と気遣ってもらえるような雰囲気があれば、とは思います」

ＳＳＨＰの亀井明子さんの意見は厳しい。「この人は、注意されてもはぐらかしたでしょう。加害者の多くは、見破られると身構えて否定します。素直に受け止められずに、どんどん深みにはまって事件に至るんです」と話す。

レールを外れた鈴木。なぜ教師になったのだろう。そもそも、この人はどんな生い立ちなのか。私はもっと突っ込んで聞いてみたいと思った。とことん本音を引き出すために、取材の後、何度も居酒屋に連れ出し、終電近くまで酒を酌み交わしながら議論した。そのたびに鈴木は喜んだ。

「今、こうやって一緒にお酒を飲んでくれる相手なんていないんで。池谷さんに『忘年会をやりましょう』って言ってもらえてうれしかったです。忘年会って、何だか懐かしい響きだな、と思って」

自ら招いた境遇とはいえ、寂しそうだった。なかなかうまくいかない現在の仕事の悩みを聴き、今後の不安に相づちを打った。鈴木は自分の思いをより積極的に話すようになっていった。

「本当はね、命を救う医者になりたかったんです」

高い志を抱いた過去を振り返り、半生に思いをはせた。

医者あきらめ教職

鈴木努は関東地方の工場地帯で生まれた。中小企業で共働きしていた両親と弟との四人暮らしだった。

「体がすごく弱かったんで、小さいころからよく病院に通っていました。どこの科に行っても、医者がみんな私を覚えてくれていたぐらいなんですよ。それで、人の役に立とうと、医者を目指すようになりました」

私立の中高一貫校に進み、国立大医学部を受けた。

「でも、部活動にはまってしまって、合格はとても無理で。最初から駄目だろうということは分かっていました。記念受験のようなものですね」

別の国立大の教育学部に進んだ段階で、ほぼ教師になろうと決めていた。

「本気で教師になろうと思ったのは、大学に入った後ですが」

夢をあきらめ、受かりそうだという消極的な理由で教師の道を選んだ。

鈴木自身は子どものころ、どんな教師に教わってきたのか。

「あまり、これといって印象に残る先生はいませんね……。小学生の時、年配の女性教師に目の敵にされて、それ以来、学校に行くのが嫌になりました」

どうもモデルになる教師はいないらしい。

「中学からは私立に進んだから、中学、高校は個性的な先生が多かったんです。だから教師になろうとは思わなかったけど、入学して良かったと思いました」

そんな鈴木が大学に入ると、転機が訪れる。

入学後の歓迎会で若い教師に話し掛けられた。

「年が近いから、心を許したんでしょうね。『本当は医学部に行きたかった』って素直に打ち明けました」

鈴木は、その時の返事を支えに教師になった。

「医者は命を救う。教師は心を救う。同じことだよ」

霧が晴れた気がした。その時、初めて教師の仕事に意義を見いだした。

性犯罪は「魂の殺人」といわれる。命や心を救うことを目指して教師になったはずの鈴木は、なぜ逆に、子どもの心を殺すような犯罪者に転落したのか。私には、「教師は心を救う」という、教員養成の出発点での教えが何か間違っていたのではないかという気がしてならない。

もう一つ、鈴木が在学中に教師のやりがいに目覚めた出来事がある。ボランティアで参加したスキー教室だった。

「私が教えた通りにやれば、うまく滑れるようになって子どもが喜んでくれるんです。面白いと思いました」

鈴木は後に由美さんもスキーに連れ出して指導している。

教育は英語で「エデュケーション」。語源はラテン語で能力を「引き出す」という意味だ。日本語の「教育」は、絶対的立場の先生の教えで育て上げるという考えの反映だろう。全国の学校で体罰が発覚する中、この理念がもとで「厳しく指導しよう」と体罰につながるのではないかとの指摘がある。

「引き出す」のか、「教え込む」のか。どちらなのか、と教育観を問うと、鈴木は言葉を詰まらせた。

「教育の手段として『個性も大事に』とは考えていました。でも、根本的には、自分が考えたところに持ってきたかったんでしょう。間違っていました」

鈴木が学び、実践してきた教育とはどんなものだったのか。それは後のわいせつ事件を解く鍵になる。

正解に導くのが好き

鈴木は国立大の教育学部で理科の指導法を学んだ。「知識重視から体験型へ」という日本の教育の転換を先取りするような工夫を教わったという。

理科の〝華〟は実験だ。化学や物理の基礎を目に見える形で表し、体感させる。ヒントを与えて正解に導くのが好きだった。

「子どもたちが理解して『ああ、そうか』と納得する顔を見るのがやりがいでした」

あらかじめ定めた目標に近づけることが鈴木にとっての教育だった。

「実験には危険が伴います。うまくコントロールして成功させるのが教師の役目だと思っていました」

真面目な普通の教師。だが、児童の能力を引き出し、自主性を伸ばそうと意識したことはなかった。教え子の由美さんへのわいせつ事件は自尊心を丸ごと奪う行為だが、そんな考えも全くなかった。

裁判で鈴木が一番ショックだったのは「教師の権力を使って教え子を思い通りにした」と言われたことだという。学校で教師が権力を持つ存在だという意識はまるでなかった。

「何でも子どもと一緒にやってきた」と力を込める。由美さんとも対等だと思っていた。

「権力を握っているという意識がない自分にもショックでした。でも、多くの先生はそんなこと考えたこともないと思います」

各地で表面化した体罰も、教師の権力の問題だ。

「体罰はいけないと思う。私がしたような行為について、事件前に『体罰と同じだ』と言われたら、考え直したかもしれません」

神奈川大の教員養成課程で教える入江直子さんは「子どもと一緒に笑って泣いて、という教師像ばかりを理想だと強調するからこうなる。自分が意識していなくても、教師と子どもは権力関係にあることを大学でも研修でもきちんと教えるべきです。それがスクールセクハラや体罰の一番の防止策になります」と話す。入江さんは、子どもを自分の思い通りにしたがる教師の意識については「自分の教育が子どもの個性をつくる、と考える教師は多い。教師の力が及ばないところでも、子どもは学んで育つのだということを分かっていないんです」と指摘する。

教師生活の二十五年間で職員室はどんな様子だったのだろう。鈴木が教師になろうとしていたのは、人気ドラマ「3年B組金八先生」が始まったころだ。中学では校内暴力の嵐が吹き荒れていた。大量採用の時代で、同期は多かった。「学校でも家庭でも孤立していた」と言うが、相談相手はいなかったのか。

「教師は専門職で、お互いの立場を尊重しようとしていて、意見を言いにくい。『先生』『先生』と呼び合って触れ合わず、学級経営の話もしないし、ましてや私的なことなんか話せる雰囲気じゃありませんでした」

入江さんは、教え子が教師になった途端に常識が通じなくなると感じる。学校が社会と遊離していることにすら気付かない。社会では通用しないような理屈を「学校だから、そんなことは当たり前です」と平気で話し、体罰を「愛のむちだ」と容認する元教え子も多い。入江さんはこう言って憤る。

「街で暴力を振るえば逮捕されるように、指導が理由の体罰なんか許されない。学校こそチームワークが要る仕事なのに、ばらばらで知らん顔。世間の常識が通じない」

そんな特殊な世界で、鈴木の犯罪は加速していく。

取ってあった「チュー券」

遊園地でほっぺにキスしてもらってから三カ月後の秋、鈴木は小学四年生の由美さんを自宅に呼んだ。妻と息子は外出していた。

鈴木は由美さんが春にくれた「チュー券」を大事に取っていた。ソファに並んで座る由美さんに渡す。

「キスしたい」

「無理」

由美さんは顔をそむけ、逃げようとした。鈴木は「恥ずかしいのかな」と思ったが、強引に二、三度口づけする。ショックを受けた様子の由美さんに「大丈夫?」と声を掛けた。

「あれだけ『好きだ』と言ってくれたから、気持ちが通じていると思い込んでいました。今思えば、彼女は本当に嫌だったんでしょう」

この時、鈴木は由美さんの拒否を都合よく解釈し、教師と教え子、大人と小学生の関係で相手が「ノー」を貫くのがどれだけ難しいかに思いは至らなかった。


しばらくして由美さんが託した手紙を同級生の女の子から渡された。

「もう会わない。理科準備室にも行かない」と書かれていた。

激しい拒絶に鈴木は動揺した。

「ばれたら立場を失うと分かっていました」

ところが、そのすぐ後で由美さんが顔を見せた。

「もう読んだ？　手紙返して。ごめんなさい」

あっけらかんとした様子にほっとした。

教育関係者の間では、女子の思春期は早まる傾向にあり、四～五年生はその入り口だといわれる。そんな時期に起きた事件に、由美さんの心は大きく揺れていたのだろう。

「大嫌い。許せない」となじり、直後に謝る。そしてまたなじる。混乱し、会う回数は減っていった。

「もう駄目だ」と鈴木は自暴自棄になり、校長に転勤希望を出した。

しかし、その後、また由美さんは頻繁に顔を見せるようになった。

「なんであんなことを書いたか分からない。頭の中には先生がどこかにいました」

そう書かれた手紙を見て安心した。

捜査の際、六年生になった由美さんは、当時の気持ちをこう告白している。

「私の方が悪かったのかなあ、って気持ちを言っちゃいました」

由美さんも悩んでいた。だが、手紙と本音は違った。

「ほっぺにキスぐらいなら何とか我慢できるかなあと思ったのですが、口にキスするのは好きな男の子とでないと嫌でした。特にファーストキスは、好きな男の子とすると思っていました」

このころの出来事を鈴木は強く後悔する。

「四年生の時に『今度で会うのを最後にしよう』というのが何回もありました。でも、会うのが当然のようになって、そう思わなくなりました。本当は自分を止めなければならなかったんですよね」

亀井明子さんが注目するのは、被害者が何度も拒否のサインを出していた点だ。「でも、教師に説得されたら、従わざるを得ません。その関係性に気付けば、この後の事件は防げたのに」と残念がる。

学年末、別の地域の小学校に転勤の内示が出た。鈴木は由美さんにだけ、「離れることになる」とこっそり告げた。

別れ、引っ越し手伝う

「この箱に入れるよ」

春休みの日曜日、小学校の理科準備室で、由美さんはせっせと荷物を詰めていた。四月から別の地域に転勤が決まった鈴木の引っ越しの手伝いだった。

四月から五年生の由美さんは空箱に好きなハートマークをたくさん描き、机の中の物を仕分けしていった。

「かいがいしく働いてくれて、まさに女房役でした」

その情景を思い出し、鈴木が目尻を下げた。

亀井さんは「小学生を妻代わりに感じるのは精神的に幼い。小学校には『子どもが好きだからなった』という教師が多いが、子どもとしか人間関係を結べない未熟な人もいると思う。性的な興味があって教師になる人がいてもおかしくない」と警戒する。


新しい学校でも、最初から教務主任として働く約束で、担任は持たないことになった。ただ、この地域の教務主任が置かれた状況は、これまでの勤務地とは違った。各校の教務主任が定期的に集まり、自主的な勉強会を開いて、熱心に授業づくりのアイデアや学級経営の在り方を繰り返し議論した。

「みんな熱かったんです。自分が学校の柱だと思っていて、次第に私もそう考えるようになりました。この時は、私ももう少し教師をやってもいいと思えました」

鈴木は仕方なく担当した教務主任にやりがいを感じ始めていた。職場環境が変わり、由美さんとも離れた。

「でも、その時はもう彼女にのめり込んでいて。付き合いをやめる機会は何回もあったけど、できませんでした」

物理的な距離がある分、逆に思いを強めた。

転勤してすぐの四月、初めて二人でビジネスホテルに入った。ただ、このころは部屋の中でよくコンピューターゲームをして時間を過ごした。ベッドで抱き合うこともあったが、服は着たままだった。

「とにかく二人でゆっくりしたかったんです。そのための場所が必要でした」

そんな不思議な関係が約一年続く。ホテルに行くのは二、三カ月に一度。遊園地や映画館にも行った。

デートスポットのお台場からの帰り道、首都高速道路から東京湾岸の夜景が広がる。由美さんの好きな歌手の中島美嘉のジャズっぽい曲が車内に流れた。「雰囲気ぴったりだね」と話す由美さん。週末が待ち遠しかった。

その年も、夏が近づくと胃の痛い思いをした。八月の管理職試験が迫っていた。もう五、六回、受けては落ちることを繰り返していた。同じように落ち続けて「今度でやめる」という仲間もいた。翌年逮捕される鈴木には最後の試験になった。

管理職に向かないなら、こだわる必要はなかったはずだが、自分も周りも「男たるもの」と思い込んでいるから、嫌でも降りられなかったのだろう。

夏休みになり、由美さんはその年も母親の実家に預けられた。さらに離れ、思いは募った。由美さんからは毎日、携帯電話に連絡が入るようになっていた。

「彼女は退屈だからかけていたんでしょうけど。電話がかかってくると、何があっても出なければならなくなっていきました」

強引に体に触る

「好きだから触りたい」

鈴木は、もうすぐ六年生の由美さんにそう何度も告げて、体を触るための「同意」を得ようとしていた。

「えー、嫌だ」

逃げ回る由美さんに迫る。

「じゃあ、三月十四日のホワイトデーにするよ」

男性が女性にバレンタインデーのお返しをする日。特別な日にしようと勝手に決めた。鈴木には由美さんはもう恋人だった。歯止めが利かず逮捕されるのはその三カ月後だ。

当日、鈴木はいつものようにビジネスホテルに入ったが、これまでの一年とは違った行動を見せた。

服を脱がせると、暗い表情の由美さんはパンツを二枚重ねてはいていた。

今は抵抗の意思表示だったと分かる。当時は何も見えなくなっていた。

「『見せパン』っていうのかな、『見せてもいいパンツ』。そんなふうに思いました。恥ずかしいのかな、と」

同意を得たと思い込み、由美さんに触っていった。

捜査の際、由美さんは「逆らうとどうなるか分からないから従った」と話した。鈴木との関係についてはこう話している。

「先生は機嫌が悪くなるといつまでも引きずり、いきなり悲しそうな手紙を書くので、かわいそうになったり、怖くなったりして、本当に困りました」

由美さんは悩みつつ同情して従っていたが、鈴木はそんな心に気付かない。

鈴木の考え方を知るのに象徴的なエピソードがある。ホテルの部屋でも「この子のいけないところは直してあげたい」と考えていた。

「言葉遣いとか、感情の起伏が激しいとか、気付くと注意していました」

あくまでも「この子のために」。犯行現場でも教師の「上から目線」を持っていたことに、今は気付く。

「好みの女にしたい、という意識だったかもしれないけど、由美のわがままを受け入れながらも、駄目な部分は直してあげないと、と考えていました」

その考え方が、教師としても根っこのところで間違っていたと思う。

「私が目指していたのは、自分が描く理想の型に子どもをはめるような教育だったのかもしれません」

本来、教師が育てるべき子どもの自尊感情を奪い取るという正反対の行為をしておきながら、理想を目指した鈴木。命や心を救おうと考えながら「魂の殺人」を犯した矛盾と重なる。

実は、教務主任の鈴木は、校内のセクハラ防止研修の責任者でもあった。ここでも意識が矛盾していた。

「セクハラは許せないと思っていましたが、由美とのことはそんな意識の外でした。当時、議論していたのは、酒席で迷惑を掛けるな、とか、水着のグラビア写真を職場に張ってはいけないとか、教員同士のモラルの話が中心でした。子ども相手のわいせつ行為なんて、誰も考えていませんでした」

今でも、学校では子どもへのセクハラに対する危機意識が低く、そういう事態を想定することすら嫌がる。子どもに対してのセクハラは、いつでもどこでも起き得るという前提で対策を立てるべきだろう。

由美さんが六年生になると、鈴木は束縛したいという欲求をさらに高めていった。

買い与えた携帯電話

「鈴木先生が『携帯電話同士で話すと電話代が安いから、買わないか』って。お金は先生が出すって」

六年生になった由美さんが母親に切り出した。そう話すように鈴木が仕向けていた。しかし、そんな理由は方便に過ぎなかった。

毎日、由美さんに自宅から電話させ、折り返したが、鈴木は自分からも常に電話できる状態にしたかった。そのため、母親というハードルを越えようとしていた。

「由美の母親は信用し切っていました。不安があっても『まさか先生が』と打ち消したでしょう。私はあれこれ世話を焼き、父親代わりのような雰囲気でした」

母子家庭で仕事に忙しい母親にとって、「いざという時は頼れる」と心強く映ったのだろう。鈴木はその信頼を逆手に取ってだまし続けていた。

亀井明子さんは「母子家庭の子が性被害を受けるケースは多いんです。トラブルがあっても父親が出てこないことにつけ込むんじゃないでしょうか。疑問を感じても、わが子を人質に取られているという思いから声を上げにくい」と話す。

話し合う親子の脇で、心配そうに聞き耳を立てる人物がいた。高校生になっていた姉だった。

「電話中に彼女が急に姉とけんかを始めることもありました。携帯電話なら外でゆっくり話せるし」

由美さんの相談相手にもなる姉は、鈴木には邪魔な存在だった。鈴木は知らなかったが、由美さんは姉に「先生にキスされちゃった」「あんなおやじ嫌だ」と状況を打ち明けていた。

思春期の成長の中で自我が目覚め、はっきり嫌だと感じ始めていたものの、悲鳴を上げられる相手は姉しかいなかった。

だが、姉もなかなか母親に告げられない。重い相談に悩み、母を心配させたくなかったのだろう。結局、鈴木は由美さんの一家三人と一緒に携帯電話を買いに行った。

このころ、あんなに頻繁だった由美さんからの手紙がぴたりと来なくなる。後に検事から「気持ちが変わった証拠だ」と言われた。でも、鈴木にはそう見えなかった。心の変化に気付けば手出しをやめただろうが、そう思いたくなかった。


六月、遊園地から由美さんを送った帰りの車内。母親から携帯電話にメールが届き、鈴木は凍り付いた。

「もう誘わないでください。これが最後です」

慌てて電話すると、母親は硬い声で話した。

「今回のことは、娘が背伸びしたくなったんじゃないかと思います」

その後は何度かけても母親も由美さんも出なかった。

「どうやら、母親とけんかした弾みで、彼女が打ち明けてしまったらしいんです」

そのころ、母親も由美さんの変化に気付いていた。担任から「大人びてきた」と言われて「一日中、携帯をいじって離さないんです」と相談していた。小学校にも携帯電話を持っていくようになり、母親が取り上げてしまっていた。

鈴木は焦りを募らせた。

「もう会えないのか、とばかり考えました」

鈴木は、不安な気持ちを落ち着けようと、小学四年生の息子と旅行に出掛けた。

旅行から帰り逮捕

ローカル線の電車ではしゃぐ小四の息子を前に、鈴木はふさぎ込んでいた。何十回電話しても、恋人のように思っていた六年生の由美さんも母親も出なかった。

「もう会えないのか」

寂しさと不安を抱えたまま、電車好きの息子との約束を果たすため、気持ちを整理しようと、電車を見に行く旅行に出掛けていた。いつも通り、妻は留守番だ。その妻から電話が入った。

「刑事さんが来てる。職場のことで聞きたいって。外で待ってる」

「え？　職場……誰の話かな」

自分のことだとは考えもしなかった。一瞬、考え込んで「あっ」と思った。気配を察し、妻が心配する。

「何かあった？」

「……何もないよ」

切ってから確信した。逮捕されるのだと。

「息子がいなかったら、そのまま線路に飛び込んで自殺していました」

覚悟を決め、家路に就いた。自宅のマンションの前にはワゴン車が止まっていた。刑事が四人も待っていた。逃げると思われたのかもしれない。

「お話があります」

「はい」

素直に従った。車で事情聴取を受け、逮捕状を示される。自宅の家宅捜索に立ち会う夫を妻が不安げに見つめていた。

「現実のこととは思えませんでした」

警察では「由美を愛していた」と話した。刑事には「小学生との恋愛なんて存在しない」と言われたが、自分ではそのつもりだった、としか言いようがなかった。

逮捕後、鈴木は初めて由美さんの本音を知らされて驚く。物証の一つになったのが、悩む気持ちをつづった日記だった。

「あんなおやじなんか大嫌い」「嫌でしょうがない」。由美さんは高学年になると、日々、自分を傷つける加害者への嫌悪を日記にぶつけていた。捜査でもこう話している。

「六年生になるまで、『嫌だ』と言っても、先生からいろいろしつこく説得されたし、自宅に電話されたらお母さんにうまく説明できないから、心配を掛けたくなくて、先生の言う通りにしていました」

捜査で由美さんが明かした気持ちの変遷をたどると、徐々に「私の方が悪かったのかなあ」「私は、まあ、何とか我慢できるかなあと思って」と自分を大切にする気持ちが薄れ、鈴木に合わせていく様子が見て取れる。

亀井明子さんは「性暴力の被害者は恐怖心がある上、自尊心を奪われて自分を大切な存在だと考えられなくなり、加害者や周囲に合わせていく傾向がある」と話す。

「怖くて従った」と由美さんが訴えたことを警察で聞き、鈴木は「そうだったのか」と思い知らされた。

互いの自由な意思でできた関係だと思い込んでいた。だが、由美さんには、強い権力で陥れられ、いくら心の中で悲鳴を上げても誰にも届かないつらい二年間だった。

「教育方針間違っていた」

「私の気持ちで変わらないところと、話すほど変わってきたところがあります」

取材の最後に、判決後の心境の変化を尋ねると、鈴木努は切り出した。

「まず、変わらないのは被害者への謝罪の気持ちです。変わったのは、教師だった時には正しいと思っていたことが、教師以外からは評価されないかもしれないと気付いたことです」

信じる方向に教え子を導くことが教育だと考え、子どもの自主性や自尊感情を育てることには熱心でなかった。子どもと一緒に学び、遊ぶ中で「正解」に誘導するのが教育だと信じていた。

「教師が教え子に権力を持ち、何かさせているなんて考えもしませんでした。対等な恋愛だと思ったのは、権力の悪用という意識がなかったからです」

警察で「特別権力関係」という言葉を何度も聞いてから疑問が芽生えた。刑事の話が耳に残っている。

「教師が『右を向け』と言うと、子どもは右を向くんだ」

それでも、教育方針と事件を切り離し、教師としては正しかったと信じてきた。だが、取材を受けることで教育への考えを改めていったという。

鈴木は今振り返って、全国で明るみに出ている体罰も根は同じだと感じる。子どもが嫌がっても無理やりやらせようとするから問題が起きる。教師の権力について学ぶ研修があれば変われたかもしれないと考える。

「二十五年の教師生活で誰も教えてくれませんでした。他の教師はみんな分かっているのかということ、そんなことはないと思います」

わいせつ行為が体罰と違うのは、隠れて行われ、発覚しにくい点だ。

教師生活が長かった亀井明子さんは話す。

「二年間も従わせていたのだから、気付いた教師もいたはずです。おかしいと思っても『間違っていたら困る』『面倒なことにはかかわりたくない』と考えて言い出せない空気が学校にある。そこが問題です」

これまでの亀井さんへの相談例でも、教え子が教師に好意を持つケースは時々、あったという。

「小学生だと誰でも駄目だと思うが、中高生だと被害者が責められたり、『はめられたな』と教師が同僚から同情されたりする。『教え子との交際は権力の悪用だからやめろ』と徹底して研修で伝えないと」

鈴木は私から取材を頼まれた時を思い出していた。

「最初に聞いた『再発防止のために』という一言があったから、引き受けました。被害者をなくすためでした」

一呼吸置いて話した。

「記事を読んで一人でもハッとする教師がいれば防げる。親も子どもも、どんな立場の人でも大事な問題だと分かってもらえれば、お役に立てたことになると思います」

元教師は唇をかんだ。

第三章

部活動

「儀式」の発覚

事件発覚の発端は、親子で見た短いニュースだった。教師がセクハラで処分されたとテレビが伝えていた。その夜を伊藤恵子さんは忘れられない。関東の大学に入って最初の夏休みに帰省した娘の早苗さんが口にした。

「こんなことで処分されるの？　中学校の剣道部なんて、もっとひどかった。何でもありだったよ」

恵子さんは凍り付いた。

「やっぱり」。心の中でつぶやく。「たいしたことない」と自分に言い聞かせてきたことは、やはり大変な事実だった。

それが、まるで神様のように長年、女子中学生たちの支配を続けた剣道部顧問との長い闘いの始まりだった。

早苗さんが通っていたのは関西の市立中学校だ。顧問になったばかりの教師の原口達也から熱心な勧誘を受け、早苗さんは剣道部に入った。それまで何の経験もなかったが、厳しい練習によってめきめき上達した。

原口は女子の指導に力を入れ、三年生の時に団体戦で全国大会に出場するまでになった。保護者たちも期待し、懸命に応援した。

成果の裏には日常的な体罰があった。原口は太鼓の太いばちで殴り、容赦なく蹴り倒した。部員はあざだらけになっても頑張った。

原口は「勝つこと」「全国大会に行くこと」が「おまえらにとって大事」「成長が大事」と唱え続けた。カルト宗教のように部員が盲目的に従う様子から、周囲は「原口教」と呼んだ。

早苗さんも恵子さんも「強くなるには従うしかない」と思い込んでいた。しかし、その実態は原口の出世欲や名誉欲を背景にした勝利至上主義だった。今では親子ともそう考えている。


恵子さんに不安が膨らんだ。娘は何をされたのか。

「在学中から心配はしてたんです。でも、何もできずに悪かったと思います」

当時、早苗さんは自室に電話機のコードを引っ張り込んで、他の部員とひそひそ話していた。

「どこまで脱いだ？」

漏れ聞こえた「脱ぐ」という言葉を不審に思ったが、娘には聞けなかった。

「先生がいる前で女子部員に着替えでもさせるのかな、変だな、ぐらいに考えて済ませていました」

もう一つ、気になりながら聞き流してしまった娘の言葉があった。

「体育館の控室に鍵が掛かっていて、待ってると女子部員が出てきた」

控室は原口専用だった。恵子さんは後に、被害者の部員たちが密室の中の顧問の行為を「儀式」

と呼んで我慢していたことを知る。

「何でも親に話す子だと思っていました。変なことがあったら言うだろうと」

だから、つい聞いた。

「中学の時、何で言ってくれなかったの」

「だって先生が口止めしてたし、言うと私が学校に行けなくなるから」

怖くてそれ以上聞けないまま、娘は関東に戻った。その後、恵子さんは地元の市教育委員会に告発する。だが原口は全面否定し、処分されなかった。

市教委と訴訟になり、早苗さんの告白から判決が出るまでに六年近くかかった。さらに時間が流れ、早苗さんは三十代になったが、二人は今でもやり切れない。

恵子さんが長い闘いを振り返る。

「市教委は『何年も前のことを』『在学中に言ってくれれば』と何度も言いました。これは被害者のことを考えない発言です。しかも、告発した段階では、まだ在学中の子の被害が続いていたのに」

二〇一二年十二月、バスケットボール部顧問から体罰を受けた大阪市立桜宮高校の男子生徒が自殺し、その後、教師の体罰が全国的に大きな問題になった。部活動は体罰の温床になりやすく、同時にわいせつ行為の舞台になる危険もはらんでいる。しかし、密室で行われるわいせつ行為は教師が事実を否定すれば、うやむやになることが多い。

第三章ではそんな加害者の教師に親子で立ち向かったケースを追い、部活動をめぐる問題を考えていく。

儀式が「伝統」に

「何でもありだった」

中学時代、剣道部の顧問に受けたわいせつ行為を打ち明けた大学一年の娘の言葉が、恵子さんの頭から離れなかった。

「怒りでいっぱいでした。セクハラのうわさがあってもやり過ごし、頑張る子どもに期待して、寄り添えなかった自分も情けなかった。娘が『学校に行きたくない』と話した時も気付けなかったなあ、と」

顧問の原口の「全国大会に行く」という言葉は娘の早苗さんだけでなく、恵子さんをも縛り付けていた。早苗さんが「稽古が厳しい」と言っても、当時は体罰だとは認識していなかった。その上、わいせつ行為まで見逃していたのか。

「知りたいけど怖いし、娘を傷つけたくなくて詳しく聞けませんでした。夫にも言えませんでした」

ただ、恵子さんは早苗さんの在学中にPTA役員を務めており、卒業後も学年を超えて母親たちとつながっていた。普段の付き合いの中で、そのネットワークを通して原口のさまざまなうわさが耳に入った。

恵子さんが解説する。

「学校の不祥事なんて、親同士のうわさでしか表に出てきません。体罰やいじめ、セクハラみたいな嫌なことを子どもは素直に親に言いません。でも、周りで見聞きした目撃者の子は親に言える。それが親同士で伝わって、うわさになります」

だが、在学中はその恵子さんですら「うわさだから、たいしたことはないかも」と思い込もうとしていた。

ある日、悩む恵子さんが元部員の母親に呼ばれてファミリーレストランに行くと、先に四人の母親が座っていた。

そこで恵子さんは「伝統の儀式」という奇妙な言葉を耳にする。娘たちは原口に服を脱がされるような行為を「儀式」と呼んでいたらしかった。それは長い年月にわたって続けられており、在学中の後輩の間では、「伝統の」という修飾語が付くまでになっていたようだと聞かされて、本当に驚いた。

恵子さんはその後もいろいろ調べて回り、何人もの話から、わいせつ行為は長年続いていたのだと確信した。

「ずっと放置されているなんて、許せませんでした」

恵子さんは校長や市教育委員会、警察に訴えようと決めた。だが、原口からの仕返しを恐れて名乗れなかった。ＯＧとして仲間とつながる娘にも迷惑を掛けたくなかった。だから匿名の投書という道を選んだ。

それが何の役にも立たなかったことを知るのは、告白から一年半ほどたった年度末だ。四月から原口が他の中学校の教頭になると聞いて恵子さんは耳を疑った。処分されるどころか、出世とは。このまま放っておくわけにはいかないと考えて市教委に電話し、今度は名乗った。自分の独断で電話しただけに、娘の名は伏せた。

「娘の名前は言わなくても、私さえ名乗れば真剣に調べてくれると考えていました。本当にそんなことがあったら大変でしょ。教育委員会はちゃんとやってくれると信じていたんです」

その願いはすぐに打ち砕かれる。四月一日、原口は予定通り、教頭として栄転した。

実は、匿名の投書の後、市教委は事態を放置していたわけではなかった。すぐに原口に事情を聴いていた。だが、原口は全面否定し、恵子さんの電話の後、二度目の聴取をしたが、またも否定の繰り返しだった。

母親だけの訴えでは限界があると悟った恵子さんは、早苗さんに協力を求めた。

「お母さん、そんなこと、私に内緒でやっていたの？」

自分の了解なしに母親がそんなことをしているとは考えもしなかった早苗さんは反発し、思わず口にしたが、原口が全面否定したと聞かされて再び驚いた。

「何もしていない」と否定するとは、どういうことなのだろう。「おまえらのため」と言われ、つらくても信じて耐えた儀式は何だったのか。

早苗さんは釈然としない気持ちを抱え、中学時代に思いをめぐらせた。

「負け犬になるな」

「メーン」「ドー」

夏の暑い中学校の体育館。竹刀の音が響く。パイプいすに座る剣道部顧問の原口達也が、太鼓のばちを一年生の伊藤早苗さんに放り投げた。指示通りできていないという怒りの表現だった。慌てて原口に渡すと、防具の面の薄い部分をばちで力任せにたたかれた。

「すいません」

頭がくらくらした。

「なんでたたかれた？」

怒気を含んだ原口の問いに、それまで注意されていた点を必死になって思い出す。

「足に意識を置いていないからです」

「分かっているなら、どうしてしない」

面の下にばちを差し込まれ、のどが苦しい。次の瞬間、蹴り倒された。

「すいません、ちゃんとします。すいません」

正座ですがるように謝り続けた。

原口が部員たちに何度も繰り返した言葉が「やらされる稽古から、自分から求める稽古へ」だ。常に「自発性」を求めてきたが、その自発性とは、原口が望む行動を先取りすることを意味していた。

「中学生にとって先生は絶対的な存在です」

原口に体罰やセクハラを受け続けた早苗さんは振り返る。もともと規律が厳しく、教師の権力が強い学校だった。

「毎月、前髪が眉の上にあるか、少しでも爪が伸びていないかと細かく身体検査を受けていました」

入学後、原口に熱心に誘われて剣道部に入った。原口は前任校の実績をとても誇りにしており、その熱心な指導に対して、校内の他の多くの教師が「素晴らしい先生だ」と褒めた。

「原口先生への信頼は絶大でした」

原口は全国大会出場がいかに名誉なことかを強調した。

「俺についてきて、厳しい稽古を頑張れば、絶対に全国大会に行ける」

素人が全国大会に行けるのか。そんな疑問に早苗さんの母恵子さんが答える。

「部員たちの努力の成果ですが、強豪校の多い男子と違い、もともと中学校に剣道部自体が少ない女子は比較的、実績を上げやすい、と原口先生は考えていたようです」

恵子さんはさらに続けた。

「私たち保護者も、最初は『全国大会に行くことがそんなに大切なのかなあ』と疑問に思っていました。でも、原口先生が何度も熱心に『全国に行く』と言うし、何より子どもたちが一生懸命に練習していたから、私たちも段々、応援に力を入れるようになっていったんです」

指導は過酷で、土日も練習と試合に追われた。休憩は短く、水は飲めず、部員たちは貧血で次々に倒れた。夏休みは部員同士の勉強会もあり、大半の時間を原口の前で過ごした。「剣道部は勉強もできる」「文武両道だ」との評判に原口は上機嫌だった。

一方で、続々とやめていく部員たちのことを原口は「負け犬」「根性なし」と呼んだ。「負けは一生ついて回る」「部活を続けられないようなやつは、社会でも通用しない」と徹底的にけなし、残った部員に対しては「おまえらは素晴らしい生徒や」と褒めたたえた。早苗さんもゆがんだ優越感を持たされつつ、原口の顔色にびくびくするようになっていった。

やがて、体罰はエスカレートしていく。体育館の舞台の階段で突き落とされ、脚にあざができた子。膝が腫れ、首が赤くなった子。けがだらけだった。

「怒られるのは期待されているからや」

原口からそう言われて、みんな我慢した。あざの理由を他の教師に聞かれて「転んだんです」と言ってごまかした仲間もいた。早苗さんは当時の気持ちを振り返って話す。

「あざを誇りにさえ思いました。練習試合では他校の生徒も殴られていたし、体罰は当然だと考えるようになりました」

頑張った成果はすぐに出た。冬の地区団体戦で、早苗さんたちは早くも優勝した。

初めての「ワン」

「全国大会出場の横断幕を掲げる」「トロフィーを並べる」。伊藤早苗さんが中学二年生になるころ、剣道部顧問の原口達也は頻繁にそんなことを口にするようになっていた。

ある日、練習中に原口は「伊藤」と呼ぶと、控室に入った。六畳ほどの小部屋だ。早苗さんは慌てて後を追い、大きなソファにどっかりと座る原口の目の前で床に正座した。

「なんで呼ばれた？」

「……注意される点を意識しない甘さのためです」

自分を反省する言葉を絞り出した。

「なんで甘さがあるんや？　なんで意識できない？」

「…………」

思いがけない追い打ちに、あれこれ答えても「違う」「違う」と次々に否定された。

「すいません、教えてください」

早苗さんが懇願すると、原口は意外な「答え」を口にした。

「言われた通りできないのは、プライドが高いからや」

「高くありません」

「じゃあ、三回回ってワンをしろ」

「…………」

何のことだろう。意味が分からない。「できない」と言い張るのが正解だろうか。早苗さんはあれこれ考え、パニックになって何も言えなかった。すると、原口は戸惑う早苗さんを無視し、そのころ、同じ学年でライバルとして競わせていた響子さんを呼んだ。

そして、控室に入ってきた響子さんにいきなり命じた。

「ワン、やれ」

響子さんは何のためらいもなく、その場でくるくると三度回り、「ワン」と口にした。

原口が問う。

「なんでできたんや？」

「先生の前でプライドを捨てたためです」

響子さんを練習に戻らせると、原口は、正座している早苗さんに向かって言った。

「あいつは分かってる。おまえはあかんな」

「しまった。やるのが正解だったのか」

その瞬間、早苗さんの頭の中はそんな焦りでいっぱいになった。その時の複雑な気持ちを思い出してこう語る。

「大きな驚きと、ライバルに負けた悔しさ、それに原口先生から怒られる恐怖が入り交じりました。彼女もそれまでに怒られつつ、正解に到達していったんでしょう」

慌てて早苗さんは原口に言った。

「私もします」

「人のまねは楽やな。おまえはあかん。いつまでも指示待ち人間や」

「違います」

「何が違う？」

早苗さんはその場を切り抜けるために、必死で頭を回転させた。

「プライドを捨てるために歌を歌います」

とっさに思いついた答えは、原口にとっても意外だったようだ。

「じゃあ歌え」と命じられるままに歌った。

「さいた、さいた、チューリップの花が……」

上ずった声が変だと思いながらも、必死で歌った。「正解」にたどり着いて解放されるために。

歌い終えると、原口は満足げに言った。

「プライドを捨てて、全国大会に行くためについてくる気があるんやな」

「あります」

「よし、今の気持ちを忘れるなよ」

早苗さんは正座のまま床に手をつき、頭を下げた。

「ありがとうございました。失礼します」

後に女子部員たちが「儀式」と呼ぶ奇妙なやりとりの始まりだった。

「自力で正解にたどり着いて認められ、説教が終わってほっとしました。長い時だと何時間も続きましたから」

早苗さんの母親の恵子さんは憤る。

「『三回回ってワンをしろ』なんて言うのは、犬を調教するみたいに自分に服従させたい、ということだったんでしょう。人間としての誇りを捨てさせるなんて、絶対に許されない行為だと思います」


「服脱げるか」


剣道部顧問の原口から体育館の狭い控室で「プライドを捨てろ」と命じられ、中学二年生の早苗さんがその答えとして、童謡「チューリップ」を歌った一、二週間後。早苗さんは再び呼び出されて、今度は「かえるのがっしょう」で切り抜けた。

だが、さらにその次はそんなものでは許されなかった。部活動が終わった夜七時。帰り支度中に原口が「伊藤」と呼んだ。部員たちはシーンと静まりかえり、同情を目に込め、「頑張って」と言い残して去った。

控室で原口はソファに座り、その目の前で早苗さんは床に正座する。いつもの体勢だった。見上げると、眼鏡の奥の目が怖かった。

「ひざまずいて従わせるのが快感だったのかもしれません」

早苗さんは今、そう思う。

まずはいつも通り、剣道の技術面の話が始まる。その後、精神面の話に移っていくことは分かっていた。

「何でできないんや」

いつものやりとりを何度も繰り返し、原口が言った。

「先生の前で裸になり切れてないからや」

それは初めて聞くフレーズだった。

原口は続けて言った。

「先生を信用してすべてを任せてないから、できないんや」

「信用してます。すべてを任せてます」

そう答えるしかなかった。

「じゃ、服脱げるか」

「……脱げます」

断ることなど想像できなかった。

「やってみろ」

早苗さんはセーラー服の胸元のホックを外した。その手を原口がつかんだ。

「分かった。もうええ。その気持ちですべてを任せて、先生についてこい」

早苗さんは正座でしびれた脚を引きずりながら帰宅した。

その後、何度も控室に呼ばれ、入ると中から鍵を掛けるように言われた。

そんなことが二度、三度、四度と続き、服を脱がされるたび、原口が止めるタイミングが遅くなっていった。早苗さんは最後は下着姿になっていた。

「男子に見られたらすごく恥ずかしいけど、『先生なんだから』と男性としては意識していませんでした。先生が性的な意味で自分を見るなんて思えませんでした。今思えば、原口先生は言葉がすごくうまいんですよ」

原口は下着姿の早苗さんを抱きしめて涙を流した。

「気持ちはよく分かった。死ぬ気で頑張ろう」

早苗さんも感動して一緒に泣いた。

その日、自宅に帰ると、夜八時ごろになっていた。母親の恵子さんが心配して早苗さんに声を掛けた。

「遅かったね」

「先生に怒られてた」

服を脱がされているとは親に言えなかった。

「言えば、すごく大ごとにされると思いました」

ここでも「大ごと」だ。第一章の横山智子さんもそうだったが、性的なトラブルの被害者はよく「大ごとにしたくない」と言う。被害者の心境を考えると仕方のないことだが、そのために被害が隠されていく。早苗さんは、言えば剣道部をやめさせられるだろうし、そうなったら学校にも行けなくなる、と考えた。

「絶対に全国大会に行くんだと思っていました。先生が『服を脱げ』と言うのも、期待しているからだと。でも、そんなこと、母には分からないと思っていましたから」

大人になった今は、そんなばかなこと、と思うが、当時は真剣だった。

「被害を訴えて剣道部に居づらくなったり、仲間に迷惑を掛けたりすることは、絶対にできなかったんです」

そんな夜は自然に涙が出た。仕方なく、親に分からないように風呂の中で泣いた。それでも収まらず、外に出た。

「素振りしてくる」

それだけ言うと竹刀を持って出掛け、素振りしながら、涙を流した。

「親には言いません」

中学時代、体育館の控室で原口達也から下着姿にされた生徒は早苗さんだけでなかった。指導を名目とした、セクハラとパワハラを合わせたような「儀式」はすぐレギュラーの六人全員に広がった。

「試合に勝つには、先生と気持ちを合わせる必要がある」「そのためにプライドを捨て、心を裸にしなければならない」「だから下着姿になるのは当然だ」。原口の奇妙な三段論法は、不思議なことに女子中学生たちにすんなり受け入れられていた。誰も親に話せず、長く続いた。互いに励まし合ったが、原口は生徒の会話に敏感で、儀式の内容は仲間同士でも詳しく話せなかった。

儀式の後はいつも帰りが夜遅くなった。八時、九時に一人で職員室に鍵を返しに行く時、早苗さんは涙を拭き、残っている教師にばれないようにした。つらそうな顔を不自然に思われなかったのだろうか。

「先生たちは誰も話し掛けてきませんでした」

こんな目に遭っても、なぜ親に言えないのだろう。謎を解く鍵は、原口の巧妙な口止め方法にあった。原口はある日、急に早苗さんをしからなくなった。

「不安になりました。期待されてないのかと」

「怒るのは期待しているからだ、といつも言われていた」と早苗さんは語る。裏返せば、しかられないのは期待されなくなったからだ、となる。練習後、早苗さんは控室に行った。

「どうして怒ってくれないんですか」

「おまえが親に何でも話すからや」

原口は冷たく言った。

「思い当たることといえば」と母の恵子さんが記憶をたどる。

当時、しごきを受けた早苗さんが気を失ったことが二度あり、病院で検査を受けた。恵子さんは指導方法に疑問を感じ、正式に事故として治療費が給付されるように学校と交渉していた。

「警鐘の意味もありました。そうすれば、ひどいしごきはやめるだろうと思って」

そのことに対する仕返しに違いなかった。

何とか事態を改善したいと焦った早苗さんは、試合や練習の移動の際、原口の車の助手席や、電車の隣の席に座り、必死になって機嫌を取った。

二人きりになった時に訴えた。

「親には何も言いません。怒ってください」

原口はようやくうなずいた。

「それほどおまえは思ってくれていたのか」


同じように原口がへそを曲げたことは何度もある。「生活のすべてが剣道部」という状況を心配した親たちから、保護者会で「週に一日は休みにしてほしい」と要望が出た。原口はその場では「皆さんがそう言うなら」と物分かりのいいふりをして納得したが、後で急に生徒に当たり散らし、「もうおまえらの面倒は見ない」と言い放った。

突然、降ってわいた緊急事態に部員たちは電話で連絡を取り合い、おろおろするばかりだった。見るに見かねた恵子さんは原口に対し、「元通り練習してほしい」と言わざるを得なくなった。数日後に練習が再開され、また休みのない練習漬けの日々が戻った。

「子どもを人質に取られていて、少しでも批判的なことを言ったら、子どもたちが大変な目に遭うから、何も言ってはいけないんだと思い知らされました」

恵子さんは今も自分を責める。

「親には何でも話す子だと思っていたけど、あの当時は原口先生から口止めされていて、何も言えなかったんですよね。そういう娘の変化に気付けなかった」

自殺考え悩む

早苗さんに対する原口の「儀式」はエスカレートし、控室で下着になるだけでは済まなくなっていった。

「全国大会に行くには、先生に勝つ気にならんといかん。勝負するか」

「はい」

「どっちが先に床をなめられるか勝負や」

鍵を掛けさせられ、奇妙な格好でプロレスのように格闘しつつ、床を目指した。何度やっても、常に原口が勝った。

「試合で指示がなくても、俺がどう戦えと考えているか分からないと。そのためには普段から気持ちを通じている必要がある」

そう言うと、人さし指を突き出した。

「くわえろ」

目をそらすことは許されていなかった。早苗さんは原口と見つめ合ったまま、一瞬で指をくわえた。

ある時、原口は下着姿になった早苗さんを抱いて言った。

「処女をくれるか」

「はい」

本気で言っているとは思わなかったが、答えは一つしかなかった。

「気持ち悪くて、このことは引退するまで他の部員にも言えませんでした」

早苗さんは仲間の女の子の額に大きなこぶができているのに気付いたことがある。尋ねると、その子はこんなやりとりを明かした。

前の日に「先生の言うことは何でもやるか」と聞かれた時、当然のように「はい」と答えた。原口の次の質問はさらに過激だった。

「じゃあ、死ねと言われたら死ねるか」

それでも「死ねます」と答え、スチール棚に何度も頭をぶつけた。原口は何度目かで止めたという。

女子部員たちは、原口に生活全般を支配されるようになっていた。「文武両道」を目指し、テストは目標が決められた。早苗さんは平均九十点の目標に達せず、しごきで何度も倒されてあざができた。

男女交際は絶対禁止。「素晴らしい生徒がくだらん連中と付き合うな」とけん制し、交際していることがばれた子は「全国大会を目指してるのに」と試合のメンバーから外した。さらには「俺と男とどっちを取る」「先生だけが恋人や」と怒鳴り散らし、結局、別れさせた。

「おまえらの頑張りは親には分からん」

原口は何度も繰り返し、早苗さんもそう思っていた。いかに練習が苦しく、儀式が怖いか。それに「親には言わない」と原口に約束させられていた。

「理解できるのは原口先生だけだと考えました。すべてを監視する先生が唯一、頼れる大人だったんです」

つらくて、死を意識するようになっていた。十四階のベランダの手すりの上に腰掛け、天井に手を突いて片足を上げた。目の前には暗闇が広がっていた。死はすぐそこにあった。手にカッターナイフの刃を当てたこともある。

「死ぬことでしかこの苦しい状況から逃げられない、と思っていました」

苦難の末、三年生の夏、団体戦で全国大会に出場した。親たちも遠方まで応援に出掛けた。早苗さんの剣道部生活は終わった。

卒業間際、早苗さんの母の恵子さんは女子部員の母親から「服を脱がせるな、と原口先生に抗議した。鍵は掛けないと約束させた」と聞いた。

「それなら大丈夫か」

恵子さんは無理に納得した。

実はこの時、原口は女子生徒の服を脱がせたこと自体は否定せず、釈明していた。「自分を守るものを捨て、無の境地を体現することが剣道の上達に必要」「信頼を築くため」と理屈を並べ立てたのだった。理屈はどうであれ、服を脱がせたことは否定していなかったのだから、ここで学校がきちんと対応できていれば、悲劇はやんだかもしれない。

しかし、そのままうやむやになり、その後、原口は完全否定に転じていく。

卒業後も支配

高校生になった早苗さんは中学時代に原口から受けたわいせつ行為をどう考えていいか分からず悩んだ。ある日、その思いを打ち明けた友達は言った。

「そいつ、変態だ」

ショックだった。原口と必死で頑張り、何度も泣いて全国大会に行った。つらい練習に耐えた中学時代が全部否定されたように思えて、その後は心を閉ざした。

卒業後もOGたちは原口に心を支配されていた。

「あいつはよく近況を知らせに来るけど、おまえは来ない」

そう言われ、早苗さんはその後、嫌でも原口に高校生活や大学進学の報告に行かざるを得なくなった。

「連絡が途絶えると、しかられて嫌みを言われるかも、と思いました」

だが、関西を離れて関東の大学に進み、原口と遠く離れてみると、ようやく冷静になり、疑問が浮かんだ。

「心を通わせるために、鍵を掛けた個室であんなことをする必要があったのか。なぜ親に言うな、と口止めしたのか」

夏休みに帰省した際、母の恵子さんに打ち明けることに抵抗はなかった。

それから一年半。早苗さんは恵子さんから市の教育委員会に訴えたと聞いて驚いた。

「勝手にそんなことしないでよ。そこまでする必要ある？」

思わず疑問をぶつけた。まだ原口をかばっていた。だが、後輩もわいせつ被害に遭って、それが「伝統の儀式」と呼ばれ、原口がすべてを否定したと聞いて、気が変わった。原口にとって早苗さんの学年が特別な存在だから儀式があったと思っていたのに。

「私たちの代だけに特別な愛情があったから、おかしな方向に行ったのだ、とみんな思っていました」

その気持ちを早苗さんは「先生をかばうと同時に、自分自身をかばう気持ち」と表現する。もし、原口が欲望から儀式をしたとすれば、感謝の気持ちを失い、自分を「欲望の犠牲者」として見なければならなくなると考えたのだった。

「後輩も儀式を受けていたのなら、私たちは特別ではない。一生懸命、いい思い出にしてきた原口先生の像が崩れるのを感じました」

原口が教頭に昇進したのも「出世には興味がない。ずっと現場で教えるのが本来の教師の形だ」と言っていたのがうそで、自分たちの実績を出世の踏み台にしたのか、と残念だった。

早苗さんは原口の否定で初めて儀式の意味を理解した。相談した高校時代の教師にも「こういう人はわいせつ行為を繰り返す。誰かが立ち上がらないと」と言われ、市教委に事実を明かす決心をした。

密室での原口の命令が「三回回ってワンをしろ」「服を脱げ」「出された指をくわえろ」とエスカレートしたことを、勇気を振り絞って市教委に打ち明けた。カルト宗教の信者のように巧みに生徒がマインドコントロールされ、操られていたことも話した。担当者は「同じ仲間として謝ります」と言った。

しかし、証言を終えてほっとしたのもつかの間、やはり原口は全面否定したと聞かされた。

早苗さんは絶望的な気分になった。

アンケートで被害確認

母親の伊藤恵子さんは市教育委員会の「確実な証拠がないから処分できない」との説明に納得できず、証言者を捜し続けた。

ある日、早苗さんの後輩の母親からこんな話を聞いた。

高層マンションからは中学校の体育館が見える。電気が消えても娘は帰らず、遅くに泣いて帰った。直後に原口から「落ち込んでいるので何も聞かないで」と電話を受けた。その後、帰りが遅くなることが増え、娘は急に「剣道部のレギュラーになれる」と言い出した。娘は何があったか言わないが、セクハラをされているらしいと他の親から聞いた。

母親は「市教委に証言する」と言ってくれたが、数日後に断ってきた。誰かに相談し、止められたようだった。


一進一退だったが、それでも市教委に証言してくれる卒業生や親が出てきた。恵子さんが何度も通うと、市教委はようやく重い腰を上げて早苗さんの代のＯＧにアンケートし、さらに被害者が名乗り出た。それにもかかわらず、原口は否定を続けた。

そこでさらに、恵子さんは在学中の生徒への調査も求めたが、市教委は「そこまでは必要性が疑問だ」と渋った。

「市教委は本当に不誠実でした。新しい材料を持っていくと、やっと動き、その結果、『本人に聞いたが、否定したから事実は分からない』の繰り返しでした」

市教委にも言い分はある。被害の状況をぶつける際、具体的な時期や誰が被害を訴えているかを示せず、追及の決め手を欠いていた。仕返しを恐れて、恵子さんが伏せるよう頼んだためだ。

密室でのやりとりを否認されると、他に証拠がない以上、処分は難しいと市教委は判断した。「被害者の名前を出して否認を崩すしかない」と考える担当者に対し、恵子さんは「そんなことをしても、原口は認めないでしょう」と断った。処分できなければ、仕返しの危険だけを背負う。

「被害者はうそをつく理由がない。子どもの証言を信じて」と頼み続けたが、平行線だった。

これだけ長期間、大勢の生徒を相手にわいせつ行為を繰り返していたのに、学校側は何も気付いていなかったのかと私は疑問に思った。スクールセクハラでは、同僚の奇妙な行動に薄々おかしいと思っていても、自分の立場が悪くなるのを恐れて教師たちが黙っていることは珍しくないという。私は「他の先生で気付いていた人はいなかったんでしょうか」と恵子さんに尋ねた。

「学校の様子は分かりにくいけど、原口先生が他校の教頭になって異動した後、剣道部の指導を引き継いだ非常勤講師の先生は、部員たちからいろいろ聞いて、実態を把握していたはずなんですけど……」

恵子さんは状況を思い出しながら話した。その講師の男性が自分の家族に「剣道部でおかしなことが起きていたようだ」と実態を話し、家族から恵子さんの知人へと伝わった。話を聞いた恵子さんは「講師に直接、確認してほしい」と市教委に依頼した。

しかし、市教委から事情を聴かれた講師は「自分は何も知らない」と答えたという。

「あの先生が部員から聞いた話をしてくれれば、かなり状況は違ったと思います」

学校内で事情を知る人がいても証言してくれない現実に触れたことを恵子さんは本当に悔しそうに話した。

教頭昇進の一年後、突然、原口は教育センターに異動になり、現場を離れた。教育センターは多くの教育委員会の中に置かれ、教師の研修プログラムを作ったり実施したりする部門だ。トラブルの事実が不明確な場合、一時的にこうした異動をする教委は多い。そんな異動を繰り返し、大事件が起きて「なぜ処分できなかったのか」と問題になることも珍しくない。単なる異動では伊藤さん親子は納得できなかった。「ほとぼりが冷めたら、きっと学校に戻って同じことをするに違いない」と案じた。

市教委の聴取は十数回、四十～五十時間に及んだ。反論を求めても、原口は「そんな事実はない」と繰り返すだけ。態度を硬化し、弁護士を同席させて「これ以上続けたら提訴する」と脅す始末だった。

「処分して『不当だ』と訴えられたら負ける、とこちらの弁護士は言います。だから、調査は続けられません」

市教委の担当者はそう言って調査の打ち切りを宣言した。恵子さんは「こちらがうそをついたことにされる」と焦った。ちょうどそのころ、市教委の制度として、「救済チーム」と呼ばれる、弁護士ら専門家を入れた第三者機関が学校のトラブルを調査する仕組みができていた。このチームによる調査も求めたが、市教委にその気はなかった。事実を認めてもらう道はもう訴訟しか残っていなかった。

応援団の親たち妨害

早苗さんは、中学時代のわいせつ行為の損害賠償を求め、市と剣道部顧問の原口を相手に民事訴訟を起こした。原告には母親の恵子さんと仲間の真由さん、美雪さんも加わった。

「原口先生を支える保護者たちが『裁判なんかやめろ』『訴えを取り下げろ』と何度も言ってきました」

恵子さんは嘆いた。

「後輩の母親三人が一緒に来て、そのうち二人は『先生がそんなことをするはずがない』と言いました。もう一人は『先生がおかしなことをしたのは知っているが、指導は熱心だった。普通は裁判なんかしないはず』と言った。この人は後日『先生に謝らせる。お金も出させるから取り下げて』と言いました」

全国大会に出たような学校の指導者が問題を起こすと、保護者が応援団になってかばうケースは多い。「恩をあだで返すのか」「輝かしい実績に泥を塗るのか」。親たちは繰り返した。


刑事訴訟が法廷でのやりとり中心なのに対し、民事訴訟は「書類合戦」の様相を呈す。この裁判でも双方がさまざまな書類を出した。原口は早苗さんを含めた剣道部員の楽しげな写真や感謝の手紙、年賀状を提出した。

「セクハラなんか全くなかった」「なぜ先輩が今ごろこんな訴えをするのか分からない」といった陳述書もあった。

「素晴らしい先生に恩をあだで返すような今回の件は、先生はもちろん、彼女たち自身、私たち、保護者、学校の積み上げてきたものすべてを否定するようなことで、とても腹立たしく残念です」

そうした陳述書は、どれも原口の行為を打ち消す証拠とされた。

早苗さんは「後輩がどうしてそんなものを書いたのかと思うと悲しいけど、私はその気持ちも分かる」と話す。

ある母親は「実態調査」をした結果、セクハラはなかったと書いた。そして「たいした話ではなかったのでは。伊藤さんのお母さんだけが騒いでいるのではないか」とかばった。

その裏で、原口は口止め工作をしていた。早苗さんは元部員からこんな電話を原口がしてきたと聞いた。

「俺を陥れようとしてるやつがいる。何か聞かれても、絶対にあの時のことは言うな。公になったら、おまえらがつらい思いをするぞ。全国大会に行ったことも無駄になる」

「弁護士に聞いてくれ」

裁判の直前、私は原口への取材を試みた。どうやって捕まえようかと思案した上で、夜、自宅に向かった。繁華街から一歩入った所にある閑静な住宅地の一軒家を訪ね、インターフォンを鳴らした。しかし、妻が「今、いません」と答えるだけ。時間を置いて再度、鳴らしても「まだです」という返事だった。仕方なく「郵便受けに名刺を入れておきます。一方的な話で記事を書きたくないので、お話をうかがいたい、と伝えていただけませんでしょうか」と言い残してこの日は引き揚げた。

別の日、私は原口の異動先の教育センターに出掛けた。受付の男性に聞くと「昼休みで出掛けている」という。「どういう用件か」とけげんそうな男性に「池谷と言えば、分かってもらえます」とだけ言って、少し待った。そこに、ちょうどそれらしい男が通りかかった。

「原口先生」と声を掛けると、相手は一瞬、ひるんだ。当たりだ。私は近寄ると、「池谷です。お話を聞かせていただきたいんですが」と畳み掛けた。

すると原口は私を別室に案内した。職場で立ち話を聞かれるのは具合が悪かったのだろう。ソファに座り、向き合うと、緊張が走った。

「裁判まで日にちがないもので、少しだけ事実関係をうかがえないでしょうか。何とかご本人のお話をうかがえれば、と思いまして。全く事実がない、というご主張ですので、双方から話を聞かないと公平な記事が書けません。弁護士さんにも話を聞きましたが、よく把握していらっしゃらない点もあるようですし」

「はあ」

「要するに、全面的に事実は何もなかったと?」

「はい」

「そういうことなんですよね?」

「はい」

「下手なことは言えない」と思って用心したのか。原口は「はあ」とか「はい」とかしか返事をしなかった。全面否認を貫くのだという姿勢は分かった。

さらに質問を続けていくと、原口は一転して饒舌《じょうぜつ》にしゃべり始めたが、その内容は「弁護士に聞いてくれ」「話せない」の繰り返しで、決して正面からは答えなかった。話に中身はないものの、言葉の巧みさは、まさに早苗さんが「原口先生は言葉がすごくうまいんです」と言う通りだった。やりとりを再現してみよう。

まず私は原口の主張を確認した。

「これまでの主張では、原口先生の方から生徒を控室に呼び出して指導をすること自体がなかった、ということなんですけども？」

「はい」

「それでは、生徒の方から控室に来て、指導を受けるということはあったんでしょうか？」

「そういうことは裁判中ですから、ちょっと言えないんですよ。『コメントを差し控えた方がいい』と弁護士から言われていますし。今後、裁判所で弁護士を介して話していくべきものであってね。それをマスコミに話したのでは、あっちではこう言い、こっちではこう言い、ということになると、言葉の捉え方によっていろんな形で誤解を生むことになるんで。それ以上、どうしてもコメントすることがあれば、弁護士が対応します。人間ですから、捉え方によって、同じことをお話ししても、自分が書きたい記事に無理やり結びつけることも出てくるだろうと。弁護士も『代理人として受けた以上、自分が対応する』と言っていますので、これ以上のことは弁護士の方で対応していただくということになっています」

私はこちらの立場を伝えた。

「きちんと事実を確認して伝えたいと思っているんです」

「そういうことは裁判所でやろうと思います」

のれんに腕押し。しかし、せっかく本人に会えたのだから、食い下がって何か聞いて帰りたい。

こちらも原口のテンポに合わせることにし、言葉を繰り出した。

「なるほど。ただ、原口先生にお話を聞きたいと思ったのは、先生からすれば、えらい災難といいがかりといいますか、全然身に覚えのないことなら『なんで俺の人生を狂わせるんや』となりますよね？　言いますか、ねつ造を『こんな事細かにしやがって』となるのではないかと。詳細な主張が相手から出ていますので、そんなふうにご不満に思っていらっしゃるのではないかと思いました。そうだとすれば、言いたいことがたくさんあるのではないか、と考えてうかがったんですよ」

理屈には理屈で対抗だ。だが、原口には通用しそうになかった。

「それはマスコミに主張しても仕方のないことであって、弁護士を通して裁判所で主張することになりますよね。ですから、それについては、弁護士が言うには『他で話をされると余計、ややこしくなる。こちらに任せてくれ』ということです。マスコミで闘うものではない。裁判で闘うものなんです。弁護士が『どうしてもお話しした方がいい』となれば、弁護士を介してお答えすることになります。違う会社の方が来られて、違うことを書かれたら、私がどうしても不利になるじゃないですか。違いますか」

私はプライドの高い原口を立てながら、どこかに突破口はないかと考え、具体的な事実を示して反応を見ることにした。

「細かい話は別として」

「はあ」

「控室の中で、生徒を下着姿にしたり、『三回回ってワン』をさせたということはないとおっしゃるわけですね？」

念を押す私の言葉を原口は「それはあ」「だからあ」と慌てて遮ろうとした。

「ですから、それは弁護士を通して言うことです。ここで何らかの反応をしたら、記者さんにいいように使われると困るから、答えられません」

完全に押し問答になった。

「職場にまで来られてもね。休み時間ももう終わりですから、もうすぐチャイムが鳴ると思います。忙しいし、職場に来られても困る。その点はお約束いただけますね？　もう職場や自宅には来ないと」

実質的には何も答えないが、逃げるわけではなく、理屈で立ち向かってくる。

私は原口の質問に対し、質問で返すことにした。

「今はお話しいただけないということなんですが、これから裁判を追っていきますので、もし、できましたら、今後、主張が終わったとか、判決が出たとか、いろんな段階でお話をうかがう必要も出てきます。職場や自宅は困るということなら、携帯電話か何かの連絡先を教えていただくわけにいきませんか」

「弁護士に連絡を取っていただくしかないです。裁判中ですから」

「例えば、裁判が終わると、弁護士の役割は終わります。その後でもお話を聞ける場面では、できればコンタクトを取れるようにしていただけないでしょうか」

「それはその時にまた。今はどうやっていいか分からないですから」

原口は都合が悪くなると、するりとかわした。

約三十分の押し問答の末、私は仕方なく、こう言って引き揚げようとした。

「詳しいお話をご本人から聞けないのはとても残念ですが、また機会があって、『あの時は話せなかったけど、今なら話せる』という時が来るようなら、お話を聞かせてください」

「はあ、はい」

原口はあいまいに答えた後で、付け加えた。

「もう職場には来ないと約束してくださいますね?」

押しの強さは一貫していた。気の弱い生徒や保護者ならすぐに押し切られてしまうんだろうな、と思った。私は言葉を選んだ。

「お約束はできませんが、その時々に合った対応方法を考えたいと思います」

これ以上聞いても、何も得るものはない。私は席を立った。

ぐったりと疲れてしまった。男同士で、トラブルを取材しに来た新聞記者と加害者の関係でもこうなのだ。

早苗さんにとっては教師であり、部活動の顧問であり、信じ切っていた指導者だったのだ。「権力を持ったこんな男に女子中学生がねちねちと変なことをされたら、本当にたまらないだろうなあ」と実感した。

後日、裁判が終わって、今回の記事を書くために原口の弁護士に「本人に取材できないか」と尋ねたが、「本人にそのつもりはない」とあっさり拒否された。

証言台に立つ

中学時代の被害を訴えるため、提訴した伊藤早苗さんと真由さん、美雪さんが法廷で証言する日が来た。傍聴席には被告の原口が座り、順番を待っていた。まず早苗さんが証言台に立った。「被告をどう思っていましたか」という原告側の女性弁護士の質問に、早苗さんは「素晴らしい先生だと思い、尊敬していました」と答えた。

「体罰を振るったことは否定していて、厳しい練習だったと被告は主張していますが」という問いには「違います。練習と別に体罰がありました」ときっぱりと答えた。

質問はさらに本質に迫っていく。

「なぜ、剣道部をやめられなかったんでしょう」

早苗さんは当時の状況を懸命に訴えた。

「先生はやめた子を『負け犬』と呼び、『挫折を一生背負うぞ』と言っていましたので」

弁護士は、原口が「生徒の自発性を尊重した」と主張している点についても聞いた。

「指導法の特徴は？」

「直接、指示をするのではなく、それでも言葉のニュアンスとかで、思い通りにさせる指導法でした」

要するに、あうんの呼吸で理解しろ、ということだ。

弁護士に「具体的には？」と問われ、早苗さんは分かりやすいエピソードを挙げた。

「練習が休みの日に、前日の稽古の内容が悪かったのに『稽古させてください』と言いに来ないと、先生がすごく怒って帰ったことがありました」

弁護士がその意味を尋ねる。

「本当に休んでいいか、駄目なのか考えろと？」

「そうです。先生の顔色を見て考える生活でした」

弁護士の質問は核心に入っていき、控室で「三回回ってワン」を命じられた経緯を確認した上で聞いた。

「被告は控室に自分から誰かを呼んだことはないと言っています」

「最初は絶対、先生に呼ばれる形でした。でも、後の方は自発的にというか、怒られていると思わされると自分から行くこともありました」

弁護士は服を脱いだ経緯も確認した。

「被告は『死ねと言われれば死ねます』『服でも脱げます』と言う子が出た、と陳述書に書いています。指示しないのに勝手にエスカレートしたというけど、違うんですね」

「違います。自分から男の先生に『服を脱ぐ』なんて言うはずがありません。『脱げるな』と密室で言われて、すごく怖かったから、そして先生を信じたから脱いだんです」

被告側の男性弁護士は、原口が教育センターに異動してもなお、処分を求めるのか、と聞いてきた。

「学校に戻る可能性があると聞きました。ここで否定して通るなら、これからも続くと思います。生徒にはつらいし、教育としてあってはなりません」

弁護士は、楽しげな様子の原口と部員の集合写真を見せて意地悪く言った。

「死ぬほどの思いをしたとは、この写真で見る限り、どうしても私には思えないんですけど」

「普段は面白い先生でした。でも、控室では全く変わりました。写真では写らないものもありました」

大学生になってからようやく母に打ち明けた理由も語った。

「子どもが生まれた時、自分の娘にそういうことが起きたら知りたいだろう、秘密にされたらつらいだろうと思って、言おうと考えたんです」

早苗さんはやっとの思いで、長年の胸のつかえを吐き出した。

「死ね」と言われ窓へ

中学時代の剣道部顧問のわいせつ訴訟では、早苗さんの証言の後、仲間の真由さんと美雪さんが証言した。

真由さんは顧問の原口の命令で下着姿になり、「死ね」と言われて飛び降りようと窓に向かった、と告白した。洗脳された心理をこう語った。

「全国大会に行くためには先生と心を通わせなければならないし、精神的に成長するためにも必要だと考えていました」

美雪さんは、当時、仲間の被害を親に言おうとしたものの、結局、黙ってしまったことを打ち明けて「自分が服を脱がされた後は何も言えなくなりました」と話した。

「自分を被害者だと認めたくないからか、『先生は心を裸にさせるために脱がせたいだけだ。わいせつなことは何もない』と正当化する考えに変わりました」

当時の心理を美雪さんはそう説明した。

市教委に否定を貫いた原口は「正直困惑しています」と重ねて否定する陳述書を提出。「教え子の結婚式に校長として出席してあげたかったが、教頭の職を解かれて教育センターに配属され、夢がかなわず残念でなりません」と不満をぶつけた。

だが、次第に原告の具体的な証言に抗し切れなくなる。

市教委には語らなかったのに「生徒が『原口の取り合い』のような状態になった」「自分をアピールし、『死ねます』『服でも脱げます』とエスカレートする生徒まで出た」と主張するようになっていった。生徒が勝手に変なことをしたという筋書きを描こうとしたが、やがてつじつまが合わなくなった。

ただ、この時点ではまだ、生徒が死のうとしたり、服を脱いだりといった行為については「実行に移されたことはない」と言い張っていた。

ついに原口が証言台に立つ番が来た。原口はまず、「体罰ではない」と主張しながら、指導と称して殴っていたことは堂々と認めた。

「おまえは間違っているぞ、という意味合いでよく殴っていました」

もし、大阪市立桜宮高校の男子生徒が顧問の体罰を受けて自殺した事件の後だったら、原口もこんな認め方はしなかったかもしれない。事件後は、体罰に対する世間の評価が大きく変わったからだ。

ただ、原口は「体罰をした」と認めたわけではなかった。文科省の基準では、殴ることは紛れもない体罰なのだが、「指導だから体罰ではない」「体罰はしていない」という主張だった。明らかに矛盾していた。

しかし、保護者たちの支持や試合の実績を背景に「多少、殴ることに何の問題があるのか」という思いだったのだろう。

その一方で、わいせつ行為に関しては全面的に否定する原口に対し、原告側の女性弁護士が尋ねた。

「生徒が控室であなたに『何でもします』と言ったことはありますか」

原口ははっきりと答えた。

「あったと思います」

その後、弁護士は密室の中で女子部員がした行為を次々に挙げたが、原口はどれも即座に否定した。

「歌を歌ったことは？」

「ありません」

「三回回ってワンと犬のまねをしたことは？」

「ありません」

「『先生の指をくわえます』と言った場面は？」

「ありません」

しかし、その次の質問では原口の答えが変わった。

「『死ねと言うなら死ねる』と言われたのは？」

「あります」

弁護士がさらに追い打ちを掛ける。

「『服でも脱げます』と言った場面はあった？」

「はい」

「なぜそんなことを言うのか、と思いましたか」

原口はさも驚いたように答えた。

「びっくりしました。精神的に追い詰められているのかなと」

続けて弁護士が「理由を聞きましたか」と尋ねたのは当然だ。普通の教師なら、「なんでそんなことを言うんだ？」と聞くだろう。

しかし、原口は「聞いてないです」としか答えられなかった。実際、聞いていないからだ。弁護士が問い詰めた。

「『心を裸にしろ』とか『先生にすべてを任せられるか』とかいうやりとりの中で出た言葉だから、あなたにとっては当然の行為で、理由を聞く必要がなかったのでは？」

この理詰めの質問に対し、原口は否定したものの、まともな理由を口にできなかった。

「……そうではない。全部ノーだったからです」

やりとりはかみ合わないままだった。原口は陳述書でも、原告の訴えを「誇張だ」と決めつけて譲らなかった。

追い詰められたじろぐ

中学校の剣道部でわいせつ行為をされた、という早苗さんらの訴えに原口は「そんな事実はない」と法廷で強く反論した。原告側の女性弁護士が追及する。

「生徒が『死ねます』と言った場面もあったんですよね。控室でロッカーに頭をぶつけるまでの状況を話してください」

「『さっきはすみませんでした』と入ってきて『もう帰れ』と言うと、『私、死にます』みたいな感じで、ロッカーにゴツンゴツンといって。慌てて止めたけど、二、三回、頭が当たった気がします」

弁護士は原口が出した書類に目を付けた。

「陳述書に『死ねと言われれば死ねます』『服でも脱げます』と言った子もいたが、行動に移した子はいない、とあります」

「はい」

弁護士が「行動してますね」と問い詰めると、原口は「そうですね」と答えるしかなかった。

その瞬間、弁護士が追い打ちを掛けた。

「中身、違いますね」

矛盾を突かれて、原口はたじろぎ、言い訳をした。

「説明が十分じゃなかったかもしれないです」

そんな言い訳を弁護士は許さなかった。

「口だけじゃないじゃないですか。行動に移してるじゃないですか」

「……そう言われたら、違うかもしれません」

「『服でも脱げます』と言った子は服を脱ぎ始めたんじゃないですか」

「いや、止めました」

弁護士は追及の手を緩めなかった。

「止めたとは行動に移しかけたということですよね。ぼうっと立っていたわけではないのではありませんか」

「全部止めました」

裁判長が割って入る。もう勝負はついていた。

「止めたと言うんですから、止める必要のある行為があったと理解していいかと思います」

弁護士がさらに駄目押しの質問をする。

「どういう流れで『死にます』なんて言葉が出てくるんですか？」

「こちらが『もう帰れ』としか言わないから」

原口は意味不明の答えしか返せなかった。

『もう帰れ』と言われて『死にます』って言いますか、普通の人が」

「言ったんですから」

弁護士は質問を変えた。

「ロッカーに頭をぶつけた後、どうしました」

「何もしていません」

「親に報告は？」

「してないですね」

弁護士が当然の疑問をぶつけた。

「中学生が目の前で自傷行為をしている。報告しないんですか」

「配慮が足りなかったかもしれません」としか原口は答えられなかった。

弁護士は早苗さんたちの証言に触れた。

「先ほど元生徒三人の尋問を聞きましたよね」

「はい」

「うそをついてる？」

原口は悪びれずに言った。

「そうですね」

弁護士は、原口が法廷で認め始めた事実と、長い時間をかけても頑として認めなかった教育委員会の聴取との落差を問い詰めることにした。

「教育委員会の聴取で、生徒が『死ねます』『服でも脱げます』と言ったことは話しましたか」

「言っていません。その時は思い出せなくて」

嫌みのように、弁護士が「原告は十年たっても具体的に話していますが」とぶつけると、原口は「私には十年も前のことを具体的に覚えているような能力はないです」と言い返すのが精いっぱいだった。

しどろもどろの原口の様子に、後で早苗さんと母の恵子さんは「弁護士さん、格好良かったね」と言い合った。

子どもが性被害を嫌だと言えない理由について原告側は『子どもと性被害』（吉田タカコ著、集英社新書）から「子どもは自分より権力がある人間、特に大人に対して『いやだ』といってもいい、ということは教わっていない。『大人のいうことはなんでも素直に聞きなさい』としか教えられてこなかった」という部分を引用し、子どもの立場の弱さを強調して原口への主張を終えた。

はがゆい対応に怒り

中学時代のわいせつ被害をめぐる裁判は、生徒と教師の対決だけで終わらなかった。娘の早苗さんの告白で火が付いた伊藤恵子さんの怒りは、加害者の原口達也より市教育委員会に向いた。法廷で恵子さんは「とにかく事実を解明してほしかった」と市教委への期待感を訴えた。

「単に一人の生徒に何かあったのでなく、学校でずっと続いていて、たくさんの生徒がそういう目に遭い、それでも誰も親に言えなくて、という大変なことなので、調査してくれると思っていました」

期待は外れ、原口の否認で調査はつまずいた。裁判の最終局面は、恵子さんと市教委の対決だった。

「警察ではないから」と限界を強調する市教委職員の態度に、恵子さんは不満をぶつけた。

「市教委は『不当処分だ』と訴えられたら負けるから私たちの話は全部認めない、という立場でした。そんな対応がどれだけ生徒や親を苦しめるかを話しても、市教委の人たちは何も答えませんでした」

恵子さんは調査の際、報復を恐れて、被害者名や具体的な状況は原口に伝えないよう依頼していた。市教委の責任者は、これが調査を進める上で障害になった、と法廷で反論した。

「事実を確認してから処分をします。いつ、どういう状況で、どんな行為があり、なぜそうなったかをまず把握しなければならない。その調査の大きな制約になりました」

密室での行為の事実認定が難しいのは確かだ。詳細な事実を原口に示せないため否認を崩せず、聴取は難航した。だが、複数の被害者の訴えがある上、聴取に応じなくなった原口の態度はかなり不自然だった。

原告側弁護士は、こうした点を突き、事実確認の根拠になるのでは、と尋ねたが、市教委の責任者は「懲戒処分する証拠にはならない」と答えるだけだった。「否認されても白黒の判断はつくはずだ」という恵子さんの主張とは平行線だった。

もう一つ、恵子さんがこだわった点に調査方法がある。早苗さんの代だけでなく、後輩に聞けばもっと証言が出ると期待し、調査対象者の拡大を求めた。市教委は「調査を受ける人のプライバシー」と「加害者の人権」を理由に挙げ、追加調査の効果を疑問視して見送った。

「学校は非常に地域に密着しています。調査対象が大きくなれば、そういう話が学校そのものに影響するので難しい」

担当者はそう話した。学校の評判が落ちては困るということだ。

市教委にはセクハラ問題で弁護士らがかかわる「救済チーム」と呼ばれる第三者機関があった。恵子さんはその活用を求めたが、市教委は応じなかった。この点も争点になったが、その理由について市教委は「学校での被害者救済が第一で、教員の処分のための利用は想定外」と釈明した。恵子さんは納得できなかった。

大詰めで恵子さんは「真実を分かって」と求めた。

「こんなことが絶対、学校であってはならないと訴えました。子どもは先生を信じ、親に言わず親も問題にできなかった。そういう学校の状況や親子の在り方を多くの人に知ってほしい。特に先生が知って、これから起きないようにしてほしい」

とにかく主張はした。後は判決を待つだけだった。

勝訴して懲戒免職

早苗さんが中学時代に受けた被害で剣道部顧問を訴えてから一年五カ月、やっと判決の日が来た。母の恵子さんに打ち明けてから六年近くたっていた。

当日、原口は法廷に姿を見せなかった。

裁判所は市に「教育上の安全配慮義務違反があった」として計百万円の支払いを命じ、体罰やわいせつ行為をすべて認める勝訴判決を下した。

判決は原口が練習中に太鼓のばちで殴ったり蹴ったりしたと認定し、学校教育法が禁じる体罰だと判断した。下着姿にしてわいせつ行為をしたことも認め、自分に従う〝自発性〟を促す卑劣な態度に対してはこう断罪した。

「絶対的立場を前提に、アメとムチを与えて自分の望む方向に誘導した」

「生徒が勝手に服を脱いだ」との原口の主張を判決は「女子中学生には非常に恥ずかしく、被害がないのに虚偽の供述をする動機がない」「架空話というにはあまりに生々しく具体的」と突き放した。全面否定の虚勢と法廷の追及で見せたうろたえ方の落差を見抜き、「矛盾している」「一貫していない」と厳しい言葉で退けた。

部員の母がわいせつ行為を抗議した際に言い逃れをした事実にも着目して「当初は明確に否定せず、指導上必要だと弁解した」と認めた。さらに「市教委の調査に一切、事実を口にせず、裁判の陳述書では『服を脱ごうとした生徒はいなかった』としたのに、法廷では、生徒がスカートを脱ぐなど止める必要のある行為をしたと話し、明らかに矛盾する」と断じた。

「女子生徒が男性教諭の前で自分から突然、『服を脱ぎます』と言うのはあまりにも不自然で、しかも、教育的配慮を全くしなかったというのは極めて不合理」との判断に、早苗さんと恵子さんはうなずいた。

市教委は控訴せず、判決はそのまま確定した。判決を根拠として、市教委はようやく原口を懲戒免職にした。親子の長い苦労が認められた。だが、裁判でも、なぜこれほど原口が生徒を支配したがったかははっきりしなかった。ある中学校教師は言う。

「教師の多くは部活動の指導が何よりの生きがいです。それは、子どもを自分の思い通りにできるからです。試合に勝てば評価されて、自分の立場が良くなる。教科指導では決して得られない満足感を得られます」

事実が認められて早苗さんはほっとしたが、恵子さんは納得していなかった。一番、問題にしたかったのは、市教委が終始、逃げ腰だったことだ。早苗さんの後輩に調査すれば、在学中の生徒にも被害が及んだことがはっきりしたと今も思う。

だが、市教委がそこまでしなかったことへの裁判所の判断は「違法とまでは断定できない」というものだった。判決は、市教委はそれなりに調査していたと判断し、調査の範囲には限界があったことを認めた。

第三者機関を活用しなかった点も、「第一次的に想定していたのは在学中の被害者の救済だった」として、卒業生に対して活用しなかったことに落ち度はないと判断した。

だから、勝訴を喜びながらも、恵子さんは落ち込んでいた。

「市教委がちゃんと調査しなかったことについては、どうして裁判所は認めてくれないんでしょう」

裁判しかなかった

「私は絶対、納得できません」

判決後、支援者と開いた祝勝会で、伊藤恵子さんは繰り返した。中学時代、娘の早苗さんらにわいせつ行為をしたことが判決で認められ、剣道部顧問の原口達也は懲戒免職になった。だが、市教育委員会が解決に消極的だったという恵子さんの主張は退けられた。

判決から何年たっても、恵子さんは割り切れないでいる。

「嫌でも裁判しか道がなかった。なぜここまでしないと解決しないのか。教委は自分でしっかり事実を認定すべきです」

母は市教委に、娘は顧問に、と怒りの矛先は違ったが、「被害の事実を認めてほしい」という願いは一致していた。裁判以外に方法はなかったのだろうか。

「当事者が認めてほしいのは、事実があったことなんです」

学校のわいせつ問題の解決に当たり、この裁判も支援したSSHPの亀井明子さんは強調する。

「でも、学校や教育委員会は調査に不慣れで、事実を引き出す力に限界がある。このケースは弁護士らが入った第三者機関を市教委が活用すべきでした。せっかく被害者救済の制度があったのだから」

専門家組織としては、この一、二年、いじめや体罰を受けた生徒の自殺などの真相究明のために第三者委員会が各地で設置され、注目を集めている。

神奈川大教授の入江直子さんは、教師が事実を否定した場合、教委が処分をためらう理由をこう解説する。

「文部科学省が対策に力を入れ、教え子へのわいせつ行為は教委がすぐ懲戒処分にするようになりました。ところが、それを不服として教師が都道府県の人事委員会に申し立て、処分が覆る例も出てきました。教育委員会はそれが怖いんでしょう」

教委は裁判に耐えられるような厳密な事実認定の根拠を欲しがる。入江さんは専門家組織が認めれば、教委は自信を持って処分できると考える。


恵子さんはつらくても闘い抜いた理由をこう語る。

「社会では理不尽な目に遭ってもあきらめる人が多いかもしれない。でも娘が初めから『偉い人には従わないと』と思って生きるのは嫌でした」

事実は明らかになり、原口は処分された。それでも、恵子さんは悩み続けている。

「告発して良かったのか……。最初は娘に内緒で始めましたが、結局は巻き込んでしまいました。他の多くの女子部員も傷つけました。でも、この教師は絶対許せなかったから、親がやるしかなかったんです」

早苗さんは複雑な思いだ。

「事実が認められて良かったんですけど、私の立場がずっと受け身だったのが引っかかります。何だか、母に怒りをかすめ取られたように感じて。感謝はしています。私だけだとここまではできませんでした。本当は最初から一緒にできたら良かったなあ、と思います」

これを聞いた恵子さんはため息をつきながら、語った。

「娘が告白した夜、怖がらずにきちんと向き合って、何があったのかをちゃんと聞くべきでした。娘を傷つけたくなくて擦れ違ってしまったけど、一緒に相談しながら進めれば良かったな、と思います」

子どもの性被害を知った親の立場は難しい。ただ、母と娘の思いには微妙な食い違いが残ったものの、恵子さんの行動力によって事実が明らかになり、同じような被害を受けた人たちの心を救ったのは間違いない。

第四章

二次被害

担任から恐怖のメール

「高校生の娘の携帯電話に担任から夜中、変なメールが何通も届くんです」

その女性はストレートに怒りをぶつけてきた。亀井明子さんが電話を受けたのは二〇一〇年のことだった。

大阪府守口市にある「スクール・セクシュアル・ハラスメント防止全国ネットワーク」（ＳＳＨＰ）の事務所。女性三人が電話相談を交代で受け、活動は十六年に及ぶ。会員は全国に約百五十人いる。学校で起きるセクハラ、スクールセクハラの対策を専門にする唯一の団体だ。代表の亀井さんは元中学教師で、千二百件以上の相談に乗ってきた。

電話の主は四十代の田中和子さんだった。娘の清香さんは当時、関西の私立高校の一年生。トラブルの発端は三十代の国語教師、山下浩一が頻繁に〝恐怖のメール〟を送ってきたことだった。

「清香ちゅわ〜〜〜ん♡♡」「きゃーかわいい♡」「俺と清香ちゃんは運命やんな?」「お風呂上がりか〜、俺には清香ちゃんが見える」「今酔ってんねん」

夜九時ごろから深夜まで気持ち悪いメールが毎日十通ほど届く。入学後すぐ同級生の多くが担任とアドレスを交換し、五月ごろから届き始めた。

清香さんは戸惑ったが、生真面目な性格だった。

「どうしていいか分からないけど、相手は担任の先生だし、全く返信しないわけにはいきませんでした」

試験内容についてのメールが来て「みんなには内緒な」と記されていたこともある。

携帯電話の料金が高くなり、母にしかられたが、母子家庭で忙しく働く母を心配させたくなくて、理由は言えなかった。メールを送るのをやめるように山下に言っても効果はなかった。

やがてメールだけでなく電話もかかってくるようになり、出ないと「わざと出ないのか」とメールが届いた。そのメールに返信しないでいると、学校で山下に呼び出されて「無視するな」と怒られた。

亀井さんは「教師が生徒に変なメールを送り付けるセクハラは本当に多いんです」と顔を曇らせる。

「連絡するのに必要だ、と言われると、生徒は当然のように教師にアドレスを教えてしまいます。簡単にやりとりできるから、私的に使われるようになるんです」

神奈川大教授の入江直子さんは「携帯電話などでの個人的なやりとりは、ガイドラインを作って禁止するべきです。今はメールが日常化していて、個人的なメールのやりとりを駄目だと思っていない小中高校の先生は多いでしょうが、トラブルの元です」と話す。

そう言ってから、入江さんは付け加えた。

「ただ、先生の中には『それじゃ、生徒指導ができない』と言う人もいるでしょうね。『子どもの気持ちをつかんだり、親に言えないことも言ってもらえたりするのにメールは役立つ』と言う先生は多い。でも、本当に必要でしょうか。私は危険の方が大きいと思います。実際、個人的なメールのやりとりをしていて問題を起こす先生はかなりいますから」

それでも、清香さんは一年近く我慢し続けた。その間に、学校帰りに無理やり山下の車に乗せられたり、日曜に図書館で勉強している時に差し入れを持ってこられたりしてストレスを感じ、発疹《ほっしん》ができた。二年生になっても担任が交代しないと知り、新学期が始まる前日、ようやく母の和子さんに「転校したい」と切り出した。

清香さんが関東の公立高校に転校した後、私は亀井さんから和子さんを紹介された。話を聞き始めると、せきを切ったように和子さんは嘆き続けた。

「学校の外で事件が起きて、登下校の時に子どもを守ろうと、見守りのおじさんがボランティアで立つような地域が増えましたよね。でも、学校の外より、中で起きている問題の方が多いんじゃないでしょうか」

東京の山手線の駅に近い繁華街にあるイタリア料理店。夕方、まだ開いたばかりの店の二階だった。他に客はおらず、店員も離れていて、聞かれる心配がないから安心できたのだろう。ギターが響く明るい曲調の洋楽をバックに、母親の嘆きは途切れなかった。

「本来信頼できるはずの教師のセクハラって、すごく多いと思います。子どもを守るべき人間が問題を起こしていることをもっと新聞で取り上げてほしい。そんな学校では子どもは安心できません。高い授業料を払って娘は大変なことを学ばされました。先生は、やろうと思ったら何でもできるんです。学校の中をパトロールしてもらわないと」

亀井さんは、こうした学校内のトラブルに、日本の学校組織の体質を感じるという。

「体罰もそうですが、教師から教え子へのセクハラは学校の体質を浮き彫りにします。教師が強い権力を悪用し、学校が問題を隠す。いつも同じパターンです。特にひどいのは、助けを求めた被害者が加害者や周囲から責められる『二次被害』が起きやすいことです。これはスクールセクハラの特徴です。調査の過程で、校長や教育委員会に被害者が責められることまであります」

亀井さんはあきれたように言い、「閉鎖的な学校の問題を解決するには、外部の第三者が入ることが大切です」と強調した。

第四章は亀井さんがかかわった事例を通してこの二次被害の問題を考えながら、どうすればスクールセクハラを解決し、防げるかをより具体的に考えていく。

「うちには八方ふさがりになってから相談に来る方が多いんです。そこからうまく解決できたのはほんの少しだけです」

亀井さんは苦笑し、保身を考えて教師をかばう校長の対応を「金太郎あめのようだ」と言う。

だが、和子さんから苦情を受けた高校の校長が取った対応は、想像をはるかに超えたひどいものだった。

校長までセクハラ

「私たちは必殺仕事人ではないんです。仕返しが目的ではありません」

教師から教え子へのセクハラで十六年間、相談を受け続ける亀井明子さんは話す。

「学校は内部で収めようとするけど、それではなかなかうまく解決しない。そこに外部の第三者として入って、被害者や親を支えています」

だから、まず相談者の言葉に耳を傾け、できることを一緒に考える。

「そうすることで、多くの人は『やっと相談相手が見つかった。ちゃんと話を聞いてくれた』と安心します」

高校一年生の娘の携帯電話に担任から毎晩、変なメールが届くと相談した田中和子さんもその一人だった。

電話相談の翌日、亀井さんが会うと、和子さんは、娘の清香さんの前で取った校長のひどい態度に憤った。

「校長は担任をかばいながら、『お母さんも母子家庭で大変でしょう』と気遣うふりをしましたが、その発言には差別的な意図を感じました」

その日、校長室で午前十一時に始まった和子さんの直談判に対する校長の釈明は夕方までずっと続いた。

最初に担任の山下浩一の行動を謝罪したものの、「担任を辞めさせてほしい」という求めには「以前、労働組合が立ち上がって大変なことになったことがあります」と言って難色を示した。

校長の話はどんどん脱線していき、なぜか和子さんが離婚した理由まで話題になった。途中で校長が山下を呼び出して「母子家庭だからそんな対応をしたのか」と尋ねる場面もあった。

放課後に加わった清香さんは、この場で山下を問い詰めた。深夜のメール、車に乗せたこと、図書館での差し入れなどの特別扱い……。山下は「そんなつもりはなかった。清香ちゃんが心配で」と答えた。

清香さんは振り返る。

「自分は悪くないという言い訳に感じました」


五時過ぎに話が終わると、校長が唐突に言った。

「これから食事に行きませんか。もっと田中さんと話したいんです」

和子さんは介護が必要な母や清香さんの妹の食事が心配だったが断り切れず、お好み焼き店に連れて行かれた。

その状況を亀井さんが説明する。

「どうやら、この時点で校長はお母さんに好意を抱いていたようです」

店の中で校長は酒に酔って陽気に話し続け、不愉快な親子の気持ちには全然気付かない様子だった。

そして、帰りたくて仕方ないものの、なかなか席を立てないでいる親子に言い放った。

「もう担任のことは許しなさい。許せなかったら、忘れなさい。忘れられなかったら、祈りなさい」

二人はこの無責任な言葉にショックを受けていたが、そんなことには全く構わず、校長は無邪気に続けた。

「私のブログは人気があるんです。ぜひ、読んでください」

別れたのは夜十時半。去り際、和子さんに言った。

「いいご縁ができましたね。メールをください」

疲れ果てて帰ると、和子さんの母は何も食べずにじっと暗い部屋にいた。

亀井さんは言う。

「これは明らかに母親の和子さんへのセクハラです。ただ、この高校は私立なので、なかなか解決しませんでした。公立なら教育委員会に訴えて問題にできるけど、私立の場合は学校内部での解決が基本になるので、対応はより難しくなります」

亀井さんは選択肢を示した。私立でも都道府県に苦情を言える。法務局や弁護士会に人権救済の申し立てもできる。ただ、直接交渉で解決する道もある。

「自分で交渉するなら、『話す場は校長室だけにしたい。飲食店だと周りで誰が聞いているか分からないし、落ち着いて話せないから、学校の外に出るようなことはしたくない』と注文を付けていいんです、と伝えました」

だが、その程度のアドバイスでは済まないほど事態は進んでいた。亀井さんは言う。

「校長の対応にはあきれるばかりでした」

保護者会で逆に攻撃

亀井さんへの田中和子さんの嘆きは「高校生の娘に担任から変なメールが来る」という話から「抗議すると校長からセクハラを受けた」という別の相談に移り、まだまだ続いた。

「校長が『見せたいものがあるから近くに行く』と電話してきました」

保護者会で担任のセクハラを高校が釈明することになっていた。自宅近くの喫茶店で会うと、校長はなぜか、清香さんの味方をする匿名の投書を見せながら話した。

「顧問弁護士が『田中さんは保護者会に来ない方がいい。来たら傷つく』と言っています」

その時、校長の携帯電話に高校から連絡が入った。「担任が学校の八階から飛び降りようとした」という。校長は言った。

「本人は『退職するなら死にたい』と話していました」

だが、緊迫した事態のはずなのに、そこで打ち切って慌てて帰ろうとする様子もなく、校長は悠長に話を続けた。

「目に見えない何かが働いて僕と出会った。この出会いを大切にしませんか。今後もお茶や食事をしましょう」

翌日、和子さんは電話で校長に再び「奈良の神社にお参りに行きませんか」と誘われ、全く意味が分からず、即座に断った。校長ののんびりした様子に、担任の自殺話はうそだと確信した。

それでも喫茶店に呼び出され、校長は言った。

「どうしても保護者会に出られるなら、『校長には誠実な対応をしてもらっています』と必ず言ってください。お願いします」

校長は重ねて言った。

「お互いに信じ合って、これからもいいお付き合いをしていきましょうよ」

翌日の保護者会では校長が簡単に経緯を説明し、担任は謝罪してすぐ退席した。和子さんはその後の学校との関係を考え、校長に頼まれた言葉を渋々、口にした。

「校長には誠実な対応をしてもらっています」

その後、親たちからは担任の行動を問題視する発言が続いた。


だが、批判的な意見が途切れると、一転してその場の空気がおかしくなった。今度は逆に清香さんを非難し、担任を擁護する声が続いたのだった。

「うちは先生のメールで助かっています」「田中さんの勘違いでは?」

後ろの方には、目配せして「どっちが先に言う?」と笑いながら二人で相談している母親たちまでいた。

最後は一人の父親が叫んだ。

「校長、屈せず頑張れ。いい学校だ、という手紙がたくさん届くはずだ」

保護者はみんな怒りをぶつけるだろう、との思いは裏切られ、反対に学校の〝応援団〟に責められた形の和子さんは帰宅して清香さんに嘆いた。

「校長は裏から手を回していたから、私に出てほしくなかったんだね」

清香さんは追い詰められた気持ちになって苦しくなり、高校に行けなくなった。「もう限界だ」と感じ、公立高校への転校を決めた。

困り果てた和子さんと向き合い、亀井さんが提案した。

「法廷に持ち込むなら弁護士を紹介します。こじれると最後は裁判になります。大事なのは証拠を残すことです。録音する、メモする、メールを保存するといったことが役立ちます」

和子さんはそれまで起きた出来事をすべてメモで残していた。

転校後、提訴し和解

高校の担任から清香さんへの迷惑メール、抗議した母和子さんには校長のセクハラ、保護者から親子への攻撃。被害が被害を呼び、田中家は受難続きだった。

清香さんは将来の進学先を考えて関東の高校への転校を決め、一家で関西から引っ越した。高校は懲戒委員会を開き、深夜のメールや清香さんを車に乗せたことを理由に担任を一カ月の停職処分にしたが、「セクハラはなかった」と結論付けた。親子は到底、納得できなかった。

こうした場合、「指導上の問題」は認めても、イメージダウンにつながる「セクハラ」は「見解の相違」などとして認めようとしない学校は少なくない。特に、イメージが生徒募集に直結する私立学校はその傾向が強い。

相談を受けた亀井明子さんは弁護士に対応を任せることを提案した。

「自分で交渉するのは限界がある。裁判を考えて、セクハラに詳しい女性弁護士を紹介しましょう」

亀井さんはさまざまな専門家と連携して被害者を支えている。弁護士はその一人だった。

親子が提訴すると、高校は裁判所に書面を出し、真っ向から争う姿勢を見せた。

担任が頻繁にメールを送ったのはあくまでも指導の一環だと主張。「清香ちゅわ〜〜ん♡♡」といった不気味な表現は「生徒目線」で親しく接するための「冗談交じり」のものだと抗弁した。

さすがに何の問題もないとは言えなかったのか「特定の部分のみを取り出すと不適切と思われる箇所も存在しないではない」としながらも「セクハラではない」と懸命に否定を重ねた。

その上で「教師が生徒とメールをやりとりすることは教育上、有効な場合も多々存在する」とまで言い切る。「教育的必要」から四十人の生徒のうち約三十人に担任がメールを送っており、清香さんは「その一人に過ぎなかった」として、特別視していないと強調した。

和子さんと清香さんは憤り、白黒をつけようと反論の作戦を練った。しかし、裁判官は親子二人の証人尋問を前に和解を勧めた。

「法廷に立つのは負担が大きいでしょう」

二人は迷った。


清香さんは事実をよりはっきりさせるために裁判を続けたかった。だが、和子さんは娘の大学受験への影響を心配し、和解内容について弁護士に聞いた。

「向こうは事実を認めたんですね」

和解条項には「生徒指導や保護者の対応に不備が生じないよう、より一層の留意をすることを確約する」という一文が入っていた。

「勝利和解です」という弁護士の答えに、和子さんは矛を収める決心をした。清香さんも仕方なく納得し、今は大学生だ。高校に問題を訴えてから解決まで二年半かかった。和子さんは体調を崩して仕事を辞め、現在も入退院を繰り返している。

高校の関係者の間では、今でも和子さんと清香さんが悪者にされ、インターネットの匿名の掲示板などで悪口を書かれることもある。解決しても、亀井さんは二人のことが心配だ。

「この問題が体にも影響して、和子さんが体調を崩した気がします。本当にお気の毒です。多くの被害者と話してきて、どうしてこんな目に遭うのかといつも思います」

残念そうに語る亀井さんは、なぜこの活動を始めたのだろうか。

教え子から訴え

学校で起きたセクハラの相談を専門に受ける亀井明子さんは一九九八年に「スクール・セクシュアル・ハラスメント防止全国ネットワーク」を設立し、代表になった。

全国にいる約百五十人の会員は各地の支部でも活動している。その原点は、まだ亀井さんが公立中学校の体育教師だった一九九五年の出来事にさかのぼる。

中学校でラグビー部のマネジャーを務める女子生徒三人が、亀井さんの同僚教師の飯田慶子さんに「もう我慢できません」と相談してきた。顧問で四十代の男性教師、井口和夫のセクハラ行為への悲鳴だった。井口は前任校でも生徒へのセクハラが問題になっていた。

「寒くないか」と言って短パンの上から太ももをなでる。「寒い、寒い」と生徒の服の中に手を入れて背中に触る。「のどが痛い」と言う生徒のジャージーの下から手を入れて「ここがのどつぼや」とのどを押した。パンツの色や形を聞いてくる……。そんなことが一年半もの間、繰り返されていた。

「いつ言おうか」「怖い先生だし、言いにくい」。生徒たちは悩み続け、我慢に我慢を重ねて、とうとう信頼できる飯田さんに「助けて」と打ち明けたのだった。亀井さんは一緒に相談に乗った。

「よく言えたね。もし話せるなら、あなたたちの親にも話して」

亀井さんは生徒にアドバイスした。翌日、親が学校に電話し、学校で校長から説明を受けることになった。


抗議する親たちを前に、校長が三人の女子生徒に聞いた。

「君たちは先生にどうしてもらいたいんだ？」

「私たちの前から消えてほしいんです」

「先生にも奥さんや子どもがいる。辞めさせられたら、家族はどうする」

あまりに無責任な対応に、三人が一斉に叫んだ。

「それは私たちには関係ないことです」

亀井さんは話す。

「よく言えたと思います。三人だから言えたんです。一人だと難しかったでしょう」

すぐその場に井口が呼ばれた。

「愛情表現だったんです。コミュニケーションの一つです。君たち、嫌やったんか？」

井口は何一つ悪いことなどしていないという調子で、堂々と話した。

女子生徒の一人が答えた。

「嫌でした」

「嫌なら、なぜその場で言ってくれない。楽しそうに参加してたやろ」

まるで生徒の方が悪いような言い方だった。

その後、多くの相談を受けた亀井さんが解説する。

「子どもたちがその場で『嫌だ』と言えるはずがありません。教師と生徒、大人と子ども、顧問と部員、と何重にも強い権力関係でがんじがらめにされているんですから」

井口は最後には事実を認めたものの、その謝り方は生徒や親の神経を逆なでした。

「自分ではそんなつもりじゃなかった。でも、セクハラだったというなら、謝ります」

亀井さんが本当に腹を立てたのはその後だ。教師だけになると、校長や教頭、井口に他の教師たちも入って、親への悪口大会になった。

「金目当てじゃないか」「無理難題だな」

今なら「モンスターペアレント」だと言われるような扱われ方だった。

脅しや嫌がらせ次々

女子生徒三人の相談を受け、問題解決に向けてすぐ動きだした亀井さんの行動は今の活動に通じる。

亀井さんが「できれば親に話した方がいい」とアドバイスしたのは当然の判断だ。しかし、それは日本の学校の体質では、時に教師集団への敵対行為と見なされてしまう空気がある。

「学校という組織は自浄能力が極めて低いんです。生徒を守ることよりも、組織防衛に走りがちです」

自分の経験を交えて亀井さんは言う。

保護者と学校側で押し問答になり、形ばかりの謝罪をした井口を中心に、教師たちは生徒の親を敵対視していた。

亀井さんと飯田さんは校長に対応を求めたが、何の動きもないまま、冬休みに入った。連絡の取れない校長の自宅に、亀井さんたちは「公開質問状」を送り付ける。

「どう対応するつもりか聞くためです。他に方法がありませんでした」

だが、校長からは結局、何の返事もなかった。


正月が終わり、三学期が始まった。やりとりはないまま、職員会議の場で、校長がいきなり、

「事件について説明する」と切り出した。

「亀井先生と飯田先生が校長室へやってきて、『三学期から井口先生を追放せよ』と申し入れをしました」

「追放しろなんて、一切言っていません」

亀井さんは慌てて反論したが、井口が立ち上がって遮る。

「追い出そうとしたんやな！　同僚を売る気か！」

校長も教頭も、それを止めようとはしなかった。

亀井さんは振り返る。

「三人で事前に打ち合わせをしていたのかもしれません」

生徒を守る話はどこかに消えてしまい、職員室は井口がかわいそうだという空気でいっぱいになった。

思わぬ反撃に亀井さんは大きなショックを受け、それから一週間ほど学校に行けなくなった。

実は、女子生徒たちから初めて相談を受けた日の夜、飯田さんの自宅には井口から電話が入っていた。

「俺が顧問を辞めると、部員の親が黙っていない。問題にした生徒や親が『恥ずかしいことをした』と思うようになるぞ」

話を聞いた亀井さんは、すぐにはその意味が分からなかった。だが、やがて嫌でも理解するようになった。

「脅しだったんです。次々にひどい嫌がらせが起きました」

飯田さんに協力した教師たちは、自宅で無言電話を受け、自転車が壊され、車を傷つけられた。亀井さんの車のマフラーには砂が詰められた。さらに、亀井さんにはもっと直接的な嫌がらせが来た。男の声で脅迫電話がかかってきたのだ。

「娘がいるんやろ。どうなってもええんか」

翌日、校長に「電話局に頼んで逆探知してもらうことになった」と話すと、それ以来、脅迫電話はかからなくなった。

一連の騒動で、教頭は積極的に井口をかばっていた。

「後に教頭はＰＴＡ会費の使い込みが発覚し、懲戒免職になりました。当時から井口に弱みを握られて何も言えない立場だったのかもしれません」

学校内の異様な雰囲気から、亀井さんは推測した。

孤立しても支える

一九九六年の三学期、体育教師だった亀井さんは、寒風が吹きすさぶ中学校の校庭にいた。

ラグビー部の顧問、井口から受けたセクハラを告発した女子部員三人を亀井さんは支え続けていた。それと同時に、教師たちの間では完全に孤立状態になった。井口も亀井さんも体育教師。体育教官室にも、職員室にも居られなくなっていた。真冬の寒い校庭が唯一の居場所だった。

休憩時間に一人で座っていると、巨体の男子部員が隣に座って言った。

「あのな、井口から『亀井先生を殴ってこい』って命令されたんや」

亀井さんは驚きながらも、静かに尋ねた。

「それで、殴るの？」

「殴らへんけどな」

男子生徒とは普段からよく話す関係だった。しばらく話して、生徒は去っていった。

どんなに孤立しようと、嫌がらせをされようと、女子生徒を支える覚悟を亀井さんは持っていた。

亀井さんと井口は、この問題が持ち上がる前からぶつかっていた。そのきっかけはバレンタインデーだった。女の子が好きな男の子にチョコレートをプレゼントする日だと宣伝され、毎年、二月十四日が近づくと、チョコレート売り場はにぎわいを見せる。

この中学校では、校内で生徒が他の生徒にチョコレートを渡すのは好ましくないと判断して禁止していた。しかし、井口は「先生へのプレゼントは別だ」と考えたようだ。さも当然のように奇妙な行動に出た。

女子生徒たちに「チョコレートくれるよな」と念押しした上で、自分あてのプレゼントを入れる段ボール箱を教室に置いた。ご丁寧に「チョコレートはこちら」という旗まで作って立てる始末。さらには名簿を生徒に渡し、箱に入れた生徒の名前に○を付けさせる念の入れようだった。

保護者から「生徒には禁止しているのに、先生が受け取るのは許されるのか」と疑問が出て、亀井さんがやめるように注意すると、翌年からやめたが、井口が面白く思っていないのは明らかだった。井口は前任校でもこうした行為を繰り返し、セクハラ騒ぎを起こした後、転勤してきたのだった。

井口らの嫌がらせがピークに達したころ、市の教育委員会が調査に入った。当事者の訴えを聞いた教育委員会は、校長から報告を受けて処分などの対応を決めることが多い。しかし、このケースは、市教委が生徒や教師から直接、事情を聴き取るよう関係者が強く要望し、それが実現した。市教委の担当者から経緯を聴かれた亀井さんは洗いざらい話し、改善を求めた。

亀井さんが今も心掛けることがある。それは「メモを取る」ということだ。いつ、どんなことが起きたか、記録しておけば、強力な証拠になる。この時も亀井さんのメモが市教委の調査に役立った。

だが、井口は市教委にも「そんなつもりではなかった」と主張し、「グレー」のまま調査は終わった。井口は四月の人事異動で別の中学校に転勤した。

亀井さんはあきらめたように言う。

「セクハラがはっきりしない場合、処分せずに、定期異動に合わせて問題教師を動かすのはよくあるパターンです。そんな教師はその後もまた問題を起こすことが多い」

実際、井口は前任校でセクハラ騒ぎを起こして転勤してきたのに、また繰り返した。それでもなぜ、こうした常習者が処分されないのか。

まず、重要な分岐点は本人がはっきり事実を認めるかどうかだ。認めなければ、処分されることはほとんどない。井口は事実を認めたものの、セクハラの意思を否定していた。亀井さんの意見はこうだ。

「派閥や出身校で人事が決まるのは、一般社会も学校も同じです。部活動などで実績を上げて『力がある』と言われ、上司から目をかけられている教師には、処分が緩いんじゃないでしょうか。特に運動部のつながりは強固だと感じます」

亀井さんは学校を内側から変える難しさを実感し、外側から変えるために活動する決意を固めていく。この後、徐々に助走し、四年後、ついに退職した。

会を設立、子どもも救う

「学校を中から変えるのは難しい、と実感しました。外から第三者として力を貸し、変えていこうと考えたんです」

亀井さんは、「スクール・セクシュアル・ハラスメント防止全国ネットワーク」を設立後、中学教師を辞めた経緯をこう話す。

「最初は仲間と二人でした。でも、志は高くして、いずれは全国に活動を広げていこうと、団体名に『全国』と付けたんです。被害は多いと思ったけど、こんなに相談が来るとは思いませんでした」

亀井さんが解決に力を貸した相談は千二百件を超すが、その道のりは平たんではなかった。時には「どの組織にも悪い人はいる。大半の先生はいい人なのに、なぜ一部の人の問題で学校を批判するのか」と言われる。亀井さんを敵だと考える教師もいる。そんなことを言われるたびに亀井さんは反論する。

「この問題は学校の体質を表しています。問題が起きた時こそ、危機管理能力が問われるのに、多くの学校はきちんと対応できない。子どもを第一に考えるなら取るはずがない対応をすることも多い。教師たちが保身しか考えないから、いじめや体罰などの場合もトラブルが絶えないんです」

亀井さんには一つ、ポリシーがある。それは教育委員会とけんかをしないことだ。常に「一緒に考えて問題を解決しよう」というスタンスで臨む。

被害者や親が教委と関係を悪化させ、鋭く対立することはよくある。亀井さんは被害者側に立つが、問題解決を優先する。

文部科学省の担当者と定期的に意見交換しており、各地の教委にも信頼できる担当者が出てきている。

亀井さんが巻き込まれて教師を辞めるきっかけになったセクハラ問題の張本人、元同僚の井口和夫には後日談がある。転勤後も懲りずに同様の騒ぎを繰り返した。

まず、「指圧」と称して女子生徒の体に触り、戒告処分に。その後、吹奏楽部顧問の立場を悪用し、「体力強化のためだ」と強引に女子部員をプールで泳がせた上、「平泳ぎを教える」と言って両脚をつかんで開くなどして体に触っていた。修学旅行で女子の部屋に入り、翌日「寝相が悪いな」と話したことも含めて停職一カ月の処分を受けた。全国的に報道され、「停職一カ月では処分が軽過ぎる」と批判が集まる。その後、退職に追い込まれた。

「自分から進んで辞めるとは思えないから、何か表に出ない問題をもっと抱えていたんだと思います。何があったのかは分かりませんが……。でも、懲戒免職ではなく、自分の意思で辞めた形なので、退職金は出ています」

亀井さんは不満をぶつける。しかし、かつての〝宿敵〟はやっと教育現場から去った。教員免許を取り上げられたわけではないから、うそをついて私立学校や別の自治体で採用される可能性もある。二度と戻ってこないように亀井さんは独自のネットワークで監視を続けている。

「処分歴を隠して学校に再就職し、発覚して逮捕されたり解雇されたりする教師もいます。わいせつ行為をする人は繰り返すから特に要注意です」

かつて被害を受けた生徒を守ろうとして同僚から何度も嫌がらせを受け、地獄を見た亀井さんは言う。

「私は踏みつけられても、雑草のように立ち上がってきました」

子どもが安心して学べる環境づくり。それが亀井さんの願いだ。

男の子も被害

「性被害に遭うのは女の子だけじゃありません。男の子だって被害に遭うことがあるんです」

教師から教え子に対するセクハラ相談を数多く受ける亀井さんは語る。

「親はよく『うちは男の子で良かった。女の子だったら心配だけど、男の子だから大丈夫』と言う。でも、本当はそんなことはない。男の子が被害の対象になると、自分で抱え込んでしまい、解決がより難しくなることも多い。打ち明けられた親も戸惑いが大きいんです」

約十年前。夏休みに東京のおばあちゃんの家に一家で遊びに行き、東北の自宅に戻った直後だった。小学五年生の江本太陽君が突然、ソファにうずくまって泣き始めた。

『あー』って、何だか異様な泣き方でした」

母の千絵さんが振り返る。どうしたのかと聞いても「大丈夫、大丈夫」と繰り返すだけだ。トイレの中でも泣いていた。やがて、ぽつりと言った。

「お風呂で触られた」

千絵さんはハッとした。

「きっと、あの時のことだ」


その一年前。太陽君が「公民館で友達と遊んでいたら、親切なおじさんがボウリングに連れて行ってくれた」と話した。「汗をかいたから」と、みんなでスーパー銭湯の大きなお風呂に入りに行ったという。

千絵さんは何のことだか分からず、夫に「親切な人がいるんだね」と話しながらも不思議だった。

話を聞いていて、その記憶とつながった。問いただすと、太陽君は少しずつ、嫌な記憶を話し始めた。

「おじさん」とは、公民館に派遣され、子どもの面倒を見ている男性教師だった。

千絵さんが評判を聞いて回ると、この教師には、キャンプで男子の布団に潜り込むなど奇妙な話がたくさん出てきた。

千絵さんは小学校の担任の女性教師に相談した。太陽君も状況を話したが、担任は千絵さんに「あの先生はいい人です。立派な先生ですよ」と言うだけで、事態は動かなかった。やむなく教育委員会に訴えても「本人に話を聞いたが、やっていないと言うから」という返事で、幕引きを図られた。

教委の担当者の言葉があまりにひどく、電話の声を録音しようとした。その時、ボタンを押す音が聞こえたのだろう。

「録音してますね？　なんでそんなことするんですか」

担当者は千絵さんを責めるような口調で言った。

「まるでこっちが悪いことをしているかのように言われました」

警察に相談し、法務局に人権救済を求めようとしても「証拠がはっきりしない」と相手にしてもらえなかった。

「びっくりしました。こんなに大変なことなのに、誰も何もできないなんて」

途方に暮れていたある日、経営する店で商品を新聞紙に包んでいると、子どもの性被害の記事が載っているのに気付いた。それを頼りに亀井さんにたどり着いた。

「本当にほっとしました。相談に乗ってくれる人がいるんだと」

亀井さんは千絵さんの予定に合わせて東京で会うことを提案した。亀井さんは大阪から、千絵さんは東北から出掛けて東京で落ち合う提案だった。待ち合わせ場所に行くと、亀井さんはもう一人、強力な〝助っ人〟を連れてきていた。

否定覆し「謝罪」

教師から教え子へのセクハラ相談に乗る亀井さんには、全国に仲間がいる。大阪が拠点の亀井さんは、東日本の案件を神奈川大教授の入江直子さんに頼むことが多い。

太陽君の母、千絵さんが東京まで足を運ぶと、亀井さんと入江さんが駅で待っていた。

「こんな被害に遭っているのは私たちだけじゃないと分かりました」

千絵さんは二人に会った時の安心感をこう話す。この時点で、千絵さんが小学校の担任に相談してから約三カ月たっていた。加害者の教師が否定して事実関係があいまいなまま異動になり、中途半端な状況が続いていた。太陽君はこのことが不満だった。

「担任の先生に話したのに、何も解決しない」

加害者をかばうようなことを言う担任の女性教師に不信感を抱き、登校を嫌がり始めていた。

千絵さんに事情を聴いた数日後、入江さんは太陽君の自宅近くの駅に降り立った。

「お話があります」

公衆電話からかけた相手は教育長だ。大学教授の肩書が効いたのか、すぐ会ってくれた。

「こんなことで学校に行けなくなったら大変です。何とかしたいんです。六年生になったら担任を替えてくれませんか」

「何とかします。やり方はお任せください」

教育長は真剣に話を聞き、きちんと対応するとその場で約束してくれた。

それを聞いた太陽君は「春まで我慢すれば」とほっとして元気になる。実際、翌年にクラス替えがあり、担任も替わった。


加害者の教師にはけじめをつけさせる必要があった。教師は「覚えがない」ととぼけていた。入江さんはベテランの男性弁護士と協力して交渉することにし、両親と一緒に事務所を訪れた。弁護士は言った。

「謝罪させて、お金を取りましょう。裁判だと太陽君も出廷する必要があるから、裁判にせずに交渉します」

思わず千絵さんが聞いた。

「相手が否定しているのに、そんなこと、できるんですか」

「私はけんかのプロですから」

力強い言葉に、両親はすっかり安心した。加害者も弁護士に依頼したが、男性弁護士は「プロ同士の方がかえってやりやすい」と言う。その言葉通り、相手の弁護士が「慰謝料を払った方がいい」と教師を説得してくれた。

教師は最後まで事実を認めようとしなかったが「覚えがなくても、子どもが触られたのは事実。

支払うべきだ」と男性弁護士は押した。結局、教師は「遺憾に思う」と〝玉虫色〟の言葉を口にし、慰謝料を払った。両親はその言葉を「謝罪」と受け取った。入江さんは言う。

「何が解決かは被害者によって違う。被害を受けたと社会的に認められたことが、この被害者にとっては解決でした」

それから約十年たち、成人した太陽君は今、元気に働いている。

娘の被害懸念し行動

教師からわいせつ被害を受けた場合、問題にできずに長年、自分で抱え込む人は多い。

「昔、被害に遭った女性から『加害者の教師がいる学校に娘が入学を考えて悩んでいる』という相談が何件もあります」

相談活動を続ける亀井さんは話す。被害が表沙汰にならなければ、加害者がそのまま順調に出世し、校長になるケースまである。そこに子どもが入学するとなった時、母は悩む。時間が経過したトラブルをどう解決に導けばいいのか。

「ある母親は学生時代に教育実習で母校を訪れ、恩師から被害を受けました。娘の受験先の高校を調べたら、その加害者が校長になっていました」

亀井さんは苦悩する母親を思い出して話す。被害を訴えられずに時は過ぎた。

「自分のことはもう仕方ないけど、娘の学校にあの男がいるのは困る、という相談でした」

教育委員会に訴えても、加害者が認めなければ、うやむやになることがほとんどだ。正攻法で処分を目指すだけが解決ではない。亀井さんへの相談の傍ら、母親は依頼した弁護士を通じて、校長に退職するよう迫った。拒否される恐れもあったが、校長の良心に懸けた。損得勘定でも、依願退職なら退職金が出て体面も保てる。

母親の狙いは当たった。相手はあきらめ、定年まで二年を残して自主的に退職することで決着した。

だが、それだけではまだ母親の気持ちは収まらなかった。校長は各地で講演をするなど校外でも幅広く活動し、〝教育者〟の顔を売り物にしていた。表舞台から消えてほしかった。

母親はこの事実を県教委に伝えてほしいと亀井さんに頼んだ。ただ、それまでの交渉の経緯から校長名を出すのははばかられ、名前は伏せる形にした。

「名前は言えませんが、最近、定年前に辞めた校長です」

亀井さんがそれだけ言うと、県教委の担当者二人は顔を見合わせ、すぐ誰のことか分かったようだった。関係者に情報が広がれば、元校長の動きは封じられるだろう、というのが母親の思いだった。その後、母親は安心して娘を高校に通わせ、娘はこのことを何も知らされていない。

同様のケースがいくつもあるのは、被害者が訴えづらいからだ。それに味をしめ、事件を繰り返す加害者は多い。決定的な出来事がないと表沙汰になりにくい。亀井さんは言う。

「何十年も被害を抱え込んでいる、と言って初めて相談に来られる方もいます。加害者が定年になるからその前に、と教委に訴えた人もいましたが、『そんな昔のことは分からない』という対応で終わりました」

刑事事件に時効はあっても、教師が起こしたわいせつ行為が事実だとはっきりすれば、年月に関係なく処分対象になり得る。だが、時間の経過とともに事実の証明が難しくなるのは確かだ。

被害者の心の中で事件はいつまでも続く。対応が難しくても、亀井さんにじっと聞いてもらうだけで心が軽くなる被害者は多いという。

追い込まれる被害者

教師から教え子へのわいせつ被害で特徴的なのが、助けを求めた被害者が加害者や周囲からさらに追い込まれる「二次被害」と呼ばれる事態だ。これまで紹介したケースでも被害者が数々の二次被害を受けていることを分かっていただけただろう。

「性被害では、『隙があったのでは』などと被害者を責める二次被害が起きがちです。学校ではその傾向がさらに強まります」

多くの子どもや親の相談を受ける亀井さんは話す。

「騒ぎが広がると『あの先生はそんなことはしない。うそだ』『そんな訴えはやめなさい』と言う人がいつも出てきます」

被害者を支えようとした人がひどい目に遭うことまである。九州で起きたケースもその一つだ。市立中学三年生の女子生徒が、剣道部で指導していた校長に校長室や車の中でわいせつ行為を受けた、と親に打ち明けた。親は刑事告訴したが、校長は「身に覚えがない」と主張し、不起訴になった。その後、検察審査会で「不起訴不当」と議決されたが、検察は再び不起訴と判断した。刑事事件としてはこれで終わってしまったものの、親は民事訴訟も起こし、判決はわいせつ行為を認めて市に損害賠償を命じた。

刑事事件は、加害者を処罰するためにより厳密な証拠を必要とし、「疑わしきは罰せず」が原則だ。このため、刑事事件と民事事件で結論が逆になることは時々、起きる。要するに刑事事件では「グレー」とされて刑事処分を逃れた校長に、民事事件では「クロ」という判断が下された。

トラブルが表沙汰になっていく過程で、被害者の女子生徒は校長を取り巻く人々からさまざまな嫌がらせを受けた。

発覚当初、ある剣道部員の母親は、女子生徒が通う学習塾の前で待ち伏せして車に乗せ、親切を装って言った。

「本当のことを言いなさい。今なら、私が校長先生に謝ってあげる」

生徒は進学先を県立高校から県外の私立高校に変更した。それでも、入学後、ストレスで体調を崩し、結局、その私立高校を中退せざるを得なくなった。

「訴訟で勝ってもなかなか救われないのが実情です」

支援した亀井さんは嘆く。

「この時は、被害者を守ろうとしたPTA会長の女性まで周囲からの嫌がらせに遭いました」

小学生だったPTA会長の子どもが、見知らぬ男に母親の名前を確認されて「どうなっても知らないぞ」と脅される出来事まで起きた。その後、子どもは転校せざるを得なくなった。

ここで、被害者や被害者周辺の人たちが二次被害で傷つけられた言葉の実例を列挙しよう。どれも亀井さんのもとに寄せられた相談の中にあった言葉だ。

【相談した相手から】

・先生は「やっていない」と言っています。
・あんなに真面目な先生がそんなことをしますかねえ。
・あの先生は授業に熱心だし、生徒の信頼も厚いんですよ。
・研究者としても社会から絶大な信頼を得ている先生です。するはずないでしょう。
・教頭試験を受けていて、来年には管理職になる人です。そんな先生がするはずがありません。
・生徒が夢でも見たのではないですか。
・そんな些細《ささい》なことに時間を割いている暇はない。
・あの人は将来有望視されていて、学校になくてはならない存在です。
・あの先生には奥さんも子どもさんもいるんですよ。そんなことをするはずがないじゃないですか。

・あなたも先生に言われてついて行ったのでしょう。
・食事をさせてもらった上に、交通費も出してもらったっていうじゃないですか。

【教職員から】

・冗談ですよ。やつはそんなことを生徒によく言ったりしたりするんですよ。
・笑わせようと思ってやっているのです。単なる受け狙いですよ。気にするほどのことではありません。
・なかなか熱心な先生で、そんな言葉ぐらいで目くじらを立てなくてもいいじゃないですか。
・結婚もしているし、欲求不満でもないと思います。

【告発者の教師に向けて】

・そんな重箱の隅をつつくようなことをしていたら、職場がギスギスするだけだ。
・細かいことを言ったら教育は何もできなくなる。
・あいつ（被害者）はあの先生のことが好きだと言っていたから、自分から誘ったんじゃないか。
・最近、先生から厳しく指導を受けていたから、仕返しかもしれませんね。
・別にたいしたことではないでしょう。レイプされたわけでもないんだし。
・単にスキンシップのつもりでしょ。

【加害者から】
・そんなつもりはなかった。
・嫌だったら嫌だと言ってくれたら良かったのに。
・合意の上でのことだ。
・スキンシップ、愛情表現、指導としてやっただけだ。
・かわいがって何が悪い。
・そんなことを言われたら、何もできないですよ。

【友達から】
・あんなにいい先生だったのに、あなたのせいで大好きな先生がいなくなった。
・おまえがつまらないことを言ったから先生は転勤させられた。どうしてくれるの。謝れ！
・大切な顧問がいなくなって部活ができなくなった。おまえのせいだ！

なぜ学校ではこうした二次被害が起きやすいのか。亀井さんはこう解説する。

「『あってはならないこと』だから『ない方がいい』。それが『なかったことにしよう』になってしまう。加害者が否定したら、学校や関係者の利害も一致して『先生が正しい。生徒がうそをついた』とされやすいからです。いじめ自殺で、学校関係者が保身のために事実を隠すのと同じ構図です」

どうすれば、二次被害を防いで解決に導けるのか。

入江さんは「公立なら、校長が問題を知った時に校内で広げず、直ちに教育委員会に相談することです」と話す。「被害者は周囲に広まることを望まない。説明会は開かず、校内で知る人を最小限にすれば二次被害を防ぎやすい。隠蔽はとんでもないが、情報管理の徹底は必要です」

ただ、亀井さんはこの際の調査方法に注文を付ける。

「校長や教育委員会は事実調査の素人です。的確に調査できる第三者、弁護士のような専門家が入って調査委員会をつくるのが一番いい。制度化されていればなおいいが、現状ではそんな対応をする自治体はないに等しいのが残念です」

「ノー」と言える力を

「子どもは嫌だと感じ、疑問に思っても、なかなかそれを言えないんです。特に、先生に対しては」

亀井さんはため息をついた。亀井さんたちは五年前、仲間と一緒に子ども向けの教材用ＤＶＤを制作した。演劇部の中学生が、被害に悩む生徒を演じた。

「嫌だったら、相手や周りの人に『ノー』と言っていい、と教えたい。『そんなつもりじゃない』と言う教師にも、こんな場面では配慮を、と伝えるのが狙いです」

部活動後の更衣室で、女子中学生三人が話す。

「足のけが、大丈夫？」

「うん。もう痛くないけど……。あの時、先生がおんぶして部室に連れて行ってくれて、太ももから脚の付け根までマッサージされた。くじいたのは足首なのに」

「え？　脚の付け根なんて、ぞっとするね」

DVDの一場面だ。三人の話は他の教師の指導にも広がる。

「組み体操で女子にだけ腰に手を回してきた」

「パソコンのマウスの上で手を重ねてきた」

「習字の時、後ろから体をくっつけてきた」

「嫌だ」「変だよね」と言いつつ、訴えづらそうな雰囲気の生徒たち。

部活動の顧問から内緒のメールが次々に送られてきて困る女子中学生も登場する。

「全部、事実を基に再現した話です。でも、被害を訴えても『子どもの言うことだから』とうやむやにされることも多いんです」

亀井さんは憤った。

「このDVDを使った授業や研修をしてほしいけど、なかなか広がりません」

嘆く亀井さんは、その理由を教師が加害者になる可能性があることを学校が教えたくないからだ、と考えている。

「『先生のやることは全部正しい』と子どもは思い込まされています」

しかし、現実には、わいせつ行為や体罰など学校で子どもが教師から被害を受ける場面はいくらでもある。

「何がセクハラかを知らないと訴えようがない。被害を受けそうになった時、拒否できる力をつけないと、いつまでも続く。これはセクハラだけでなく、学校の在り方そのものの問題です」

国連で一九八九年に採択された「子どもの権利条約」が、日本ではなかなか批准されなかった歴史がある。九四年までずれ込み、日本は百五十八番目の批准国になった。その背景を亀井さんが説明する。

「学校や大人に『子どもの権利』を守る意識が乏しいんです。権利ばかり主張して義務を果たさない人間になると困る、という本音が背景にあります」

大学の教員養成課程や教員研修でも、子どもの権利について学ぶ機会はほとんどない、という専門家の指摘もある。

亀井さんは、学校が教えたがらないなら、親がこう教えるべきだと言う。

「あなたの体はあなたのもの。大切だから、誰にも触られてはいけない。嫌だと言っていい。もしそんなことがあったら、信頼できる人に話して。私はあなたの言うことを信用するから」

親が子どもの話を聴く姿勢を持ち、実際にきちんと聴くことが「ノー」と言う力を生むと亀井さんは考えている。

人権侵害の懸念常に

「自分が権力的な立場にあることを、先生は常に意識している必要があります」

中部地方の公共施設の会議室。亀井さんがＳＳＨＰ代表として話し始めた。市民団体が開いた研修会だ。参加した約四十人の多くは教育に携わる女性だが、スーツ姿の学校関係者の男性も交じる。

教師から教え子へのわいせつ被害や体罰などの子どもの人権侵害をどうすればなくせるのか。亀井さんは研修に力を入れる。

「『私は生徒の目線に立って指導しています』と言う先生は多い。『でも、あなたに権力があるのは歴然としている』と私は指摘します。進学のための内申書を付け、部活動の選手を選ぶのだから、と。そう言われて初めて自分の権力に気付く人が多いんです」

参加者はうなずきながら、一斉にメモを取った。

班ごとの討論では、実例を基に「先生がパソコンをのぞくふりをして何度も体を近づける」「習字の指導で後ろから伸ばしてきた手が胸に当たった」などの事例を想定。「深刻度」を「どうということはない」の「1」から「極めて深刻で許せない」の「5」までの五段階で各自が判定し、意見をまとめた。相談を受けた時、被害者の気持ちをどう受け止めるべきかを考えるためだ。

「小学校の時に罰として先生の頰にキスさせられた」という例を「過去のことだから……」と「3」にした学校関係者の男性は、他の参加者の「この先生、繰り返しているかも」「完全にアウトですよ」という意見を聞いて、慌てて「5」に改めた。

研修会が終わった後、保育関係者の女性は「相談を受けた側は『この程度なら』と軽く感じても、被害者にとっては違うんだと気付けました」と話した。

配布されたA4判で三枚の資料は各地の教育委員会が「使いたい」と頭を下げる〝秘伝〟の研修マニュアルだ。亀井さんが経験から学んだ知恵が詰まっている。

学校のセクハラが権力関係を背景に起きることを説明し、よく使われる手段を「車、携帯電話、部活動」と紹介。「子どもへの人権意識の欠如」や「性差別意識」を社会的背景として挙げ、「学校の閉鎖性と自浄能力のなさ（聖域意識）」などの問題を指摘する。

子どもが誰にも言えない理由として「相手は先生（信頼関係、内申書に影響）」「何をされるか分からない恐怖感」といった点を示している。

資料の三分の一を占めるのは、周囲が被害者に与える「二次被害」の説明。被害者にも責任があるかのように言って、さらに追い込んでしまうのが典型だ。相談を受けた人には被害者側に立って聴くことを促し、「中立は加害者側になる」とくぎを刺す。

研修の依頼は教委や学校からも舞い込むが、亀井さんはその姿勢が不満だ。

「一回やれば終わりだと担当者は思っている。その後、またやらないのかと聞くと『ああ、そういうのはもうやりましたから』みたいな感じです。毎年繰り返してこそ、意味があるのに」

亀井さんたちの資料は被害を受けた生徒のこんな言葉で締めくくられる。

「聴いてくれる人がそこにいて初めて話すことができるのです。私たちの周りにいるおとなの人に子どもの声を聴いて受けとめてほしいと願っています」

根っこにある「体質」

教師から教え子へのわいせつ行為に、教育関係者はよく「一部の不心得者が」と口にする。「大半の先生は真面目なのに」というわけだ。だが、亀井さんは「学校の構造的な問題」だと考えている。

子どもは学校で常に人権侵害の危険にさらされ、それが時に体罰などの問題として表面化する。わいせつ行為は人権侵害の典型だ。建前では「人間は平等」と教えながら、本音は「生徒より教師」「子どもより大人」、そして「女より男」が上だと考える差別意識が多くの教師にあるのではないか。その空気の中で「子どもなんかどうにでもなる」と勘違いする教師が出るのではないか——と。

「教師のわいせつ行為はただの『性癖』ではなく、ジェンダー（社会的性差）の問題なんです」

学校の本音と建前の矛盾から起きる問題だと元中学校教師の亀井さんは考える。

しかも、事件が起きても、教育委員会に報告せず、隠そうとする校長は珍しくない。校長たちは「子どものために」と言い、「教師にも将来がある」「そんな先生じゃない。出来心だ」と言う。「本当は自分の保身のためです。ずるい大人の都合を子どもに押し付けてはいけない。隠蔽は次の事件につながります」

学校の根っこにある「体質」を改める意識を持てるかどうかが解決の鍵になると亀井さんは考え

る。

被害を防ぐにはどうしたらいいのか。入江直子さんはこう話す。

「問題を正面から解決するのが一番の再発防止策になります。それには内部だけで処理せずに第三者が介入する方がいい。次に、見て見ぬふりをする傍観者をなくすために教師の研修をすることです」

入江さんによると、同僚のわいせつ行為に気付いても、指摘して悪者になるのが怖くて何も言えない教師は多いという。

「傍観者の存在は子どものいじめと同じです。被害者はみんな言いますよ。『周りの先生は気付いていたはずだ』って」

入江さんはこんなふうに研修の効果を説く。

「加害者ではなく、傍観者にならないために研修するんです。周りで見ていて『おかしい』『このままだとまずい』と言えるようになる。生徒との関係を教師同士が話して、風通しが良くなれば学校は変わります」

かつては年間にわずか三人しか、わいせつ行為で懲戒免職になった公立小中高校の教師はいなかった。それが今は四十倍になっている。実際は見過ごされてきたのが厳しく処分されるようになっただけだ。より丁寧に処分までの状況を調べ、これまで学校の外に届かなかった被害者の悲鳴を教訓として伝えられれば、今後の対策につながると亀井さんは考える。

「一人でも被害が出たら、学校全体が落ち着かない状態になります。被害をなくすことがいい学びを生みます」

長年、被害者を支援し続けてきた亀井さんの言葉は重い。

第五章

届かない悲鳴

誰にも言えない

「学校で本当にそんなにひどいことが起きているのだろうか」と疑問を持ちながらこの本を手に取った方も、ここまで読めば、スクールセクハラがいつでもどこでも起きる可能性があることをお分かりになっていただけただろう。私は、この問題を世に問えば、今まで表に出なかった「声なき声」が必ずこちらに届くと信じていた。

本書の元になった新聞連載には「届かない悲鳴―学校だから起きたこと」というタイトルを付けた。多くの子どもの埋もれてきた悲鳴を届けたいという思いと、教え子へのわいせつ行為は日本の学校の権力構造が生み出す犯罪なのだと伝えたいという思いを込めた。それからもう一つ、「あの時は届かなかったけど、今なら届けても大丈夫なのではありませんか」という被害者あてのメッセージも込めたつもりだった。

予想通り、いや予想以上に、連載開始直後から電子メールやファクスで読者の「悲鳴」が続々と寄せられた。中には学校が隠していた問題が読者の告発で明るみに出て、ニュースになったケースもあった。最後に、寄せられた事例を紹介しつつ、全体を振り返って、残された重い課題とスクールセクハラを防止するための対策をさらに考えていきたい。

被害者からの訴えは、どれも「今まで誰にも言えなかった自分の被害も知ってほしい」という強い思いで共通していた。現在進行中の具体的な犯罪の相談もあり、何人かとは慎重にやりとりしながら一緒に解決の道を探った。ご紹介できる範囲は限られるが、まずはその内容をお読みいただきたい。

ケース1

「勇気が必要でしたが、こんな卑劣な教師が現実にいることを知ってほしくて文章にしました。内容は一切、脚色のない事実です」という切実なメールには「名乗れない者より」と書かれていた。

中学校の修学旅行で、女子生徒の部屋に忍び込んだ教師にわいせつ行為をされたという。その後、この人は東北地方の四十代の主婦だと明かした。

ケース2

「私自身も似たような経験をして、泣き寝入りしました。今年で十二年です」とメールに記した人の場合、精神的に安定せず、三年前に自殺を図ったという。

「今もその時のことが夢に出て、赤い車を見るだけで思い出し、駅や高校、関係のある場所へ行くと急に吐き気がしたり泣いたりする。ニュースや新聞の写真でその場所を見ただけでも同じです。元担任の名前に含まれる字を見ただけでも、おかしくなります」と書かれていた。

ケース3

愛媛県の三十代の主婦は、高校の時の被害で人生が変わったと訴えた。

「不登校になり、親に言えず家出しました。とにかくつらくて恨みました。その後、通信制高校で学び、卒業しましたが、教え、導く立場の教師に人生を狂わされたことに憤りを感じます」

この女性は連載に対し、こんな意見を記した。

「私が言えなかったこと、感じたことを多くの方に知ってもらえて救われた。世間から目をそらされがちな事実を問題提起されたことに感謝します。同じ思いをする子が一人でも減るよう、周りの大人が守れる社会になるよう願っています」

ケース4

何十年も悩みを抱えてきた人は多い。「昔の記憶がよみがえり、怒りが込み上げてきました」と言うのは四国の女性だ。

「小五の時、教頭に教室で膝の上に座らせられ、後ろから胸を触られました。ショックでただ怖かった。誰にも言えず授業にも集中できなくなりました。三十数年前です。子どもだけに口止めされれば誰にも言えない。多額の退職金と年金でノウノウと暮らしているのかと思うとあの教師は許せない。絶対に！」

五十〜六十代になっても、誰にも言えず忘れられないという女性の悲痛な叫びも続々と届いた。共通しているのは、「**誰にも言えない**」ということだ。怒りと怖さは続いているのに、何年たっても、何十年たっても訴えられない。まして、家族や親しい相手には打ち明けられない。だから、ずっと悩みを抱えてきた。「やっと言えた」という人が多かった。

さらに、そのハードルをようやく越えても、相談を受けた人にもハードルが現れる。相談から先に進まない、という悩みを抱えることになるのだ。被害者は表沙汰になることを極端に恐れるからだ。

これまで、発覚しても学校や教育委員会が隠そうとする「隠蔽体質」が問題だと書いてきた。これが一番の問題だが、その前に、被害者が訴えず、発覚すらしないから、被害が地下に潜ったまま継続し、拡大していく。体罰は他の生徒がいる前で振るわれることが多いが、わいせつ行為は密室で行われることが多く、一対一の関係だから、被害者が誰かに相談しない限り、発覚しにくい。

文部科学省は教師のわいせつ行為がどういう端緒で発覚したかを公表している。二〇一二年度の場合、一番多かったのは「教職員への相談」で38・2％を占める。次が「警察からの連絡等」で29・0％。以下、大きく下がって「現場を目撃」7・5％、「本人または保護者から教育委員会への通報」5・9％、「学校や教育委員会への通報」4・8％、「加害者からの申し出」4・3％と続く。

つまり、被害者が相談するか、加害者が警察に捕まるようなことでもないと、よほどの偶然でもなければ、なかなか発覚しないことが分かる。二〇一三年十二月に千葉県教委が発表した処分事例で、高校の教師が休暇を取った日と教え子の高校生が休んだ日がずっと一致しているので不審に思った学校の調査でばれたというケースがあったが、こういうことはまれだろう。

相談を受けた後、どう対応するかは頭の痛い問題だが、まず、相談がないと先に進まない現実がある。だから、行政、特に教育委員会には、もっと相談体制を充実し、継続させることを考えてほしい。都道府県内で被害の発覚が相次ぐと、教育委員会が「非常事態だ」と言って、急に相談電話の番号を記したカードを生徒に配るようなことがある。しかし、大抵はそう長続きせず、いつの間にか忘れられていく。同様に、緊急対策やマニュアルは、何年かたつと、その存在すら忘れられてしまうことすらある。

その点、決して十分とは言えないが、大阪市教育委員会の対応はモデルケースになりそうだ。実は、大阪市教委の相談窓口にはNPO法人「スクール・セクシュアル・ハラスメント防止全国ネットワーク」が入っている。「一番詳しい第三者の民間団体を入れるべきだ」という代表の亀井明子さんの意見が通って、採用された。だから、時に市教委にとって耳の痛い話もあるが、それだけに、誰でも安心して相談できる。このように、信頼できる民間団体に加わってもらうのも一つの方法だろう。

第一章の横山智子さんのケースを思い出してほしい。子どもは親に相談するのを嫌がる。困った時に相談するのは友達だ。でも、友達に相談しても、どうにもならないことが多い。他に信頼できる先生がいればいいが、それもなかなか難しい。その時、「秘密は必ず守る」と約束してくれる相談窓口があったら、どんなに頼りになることだろう。専門知識を持った相談員がいつでも相談に乗ってくれるような体制を整えることは、子どもたちを守ることにつながる。全国の教育委員会にはぜひ、検討してほしい。

隠蔽体質

学校や教育委員会の隠蔽体質や無責任な対応を批判する声はたくさん届いた。

「子どもの学校で教員の不祥事があった時の教育委員会の対応と教員組合の対応にびっくりしました。生徒よりも教員の保身に必死で、保護者の意見は無視、組合は校長の責任と言うし。処分内容を用意しての説明会には、教委の身内を守る体質が全国一緒だと知りました」（鳥取県、四十代女性）

セクハラを訴えたら、逆に自分が退職に追い込まれたという元養護教諭の三十代の女性は無念さをつづった。

「研修でセクハラは犯罪だと学びました。今でも忘れません。学校はもっとちゃんとした場所だと考えた私がばかだったのでしょうか。でも救われました。こんなにきちんと記事を書いてくれてありがとうございます」

第三章で取り上げた伊藤早苗さんの母、恵子さんの憤りも教育委員会の体質に向かっていた。どんなに証言を集めても教育委員会は被害を認定しないと嘆き、「どうして教育委員会はこんな大変なことを放っておくんでしょう？　事実かどうか分からない、って言うけど、被害者が何人も名乗り出て、これだけ詳しく話しているのに、加害者が否定しているから白黒をつけられないなんて、そんなばかなことがあるんでしょうか。教育委員会はきちんと調べるのが仕事じゃないんですか」

と批判していた。

調査が難しいのは確かだ。特に、加害者が否定した場合、処分するだけの証拠を集めるのは困難を極める。しかし、それを言い訳に使って身内の教師をかばうようなことは行われていないだろうか。

学校の平穏や自分の保身ではなく、まず被害者の救済を中心に考える姿勢を学校や教育委員会には求めたい。そうでないと、日本のスクールセクハラはいつまでも解決せず、時と所を変えて繰り返されていくだけだ。

一方で、教師からの意見で「うちの学校にはいじめも体罰も、まして生徒へのわいせつ行為なんてない」というメールも寄せられた。だが、本当は気付いていないだけではないだろうか。本当にないのだとしても、あったときにきちんと対応できるかどうかが重要だ。いつ、どこの学校で起きてもおかしくないことなのに、最初からないものだと思っていると、問題が起きたときに全く対応できない。むしろ、ほとんどの学校がうまく対応できないと言っていいぐらいだ。対応の要になるはずの校長は、トラブル解決については特別の訓練を受けているわけではなく、全くの素人なのだから。

教師の不祥事はなかなかなくならないが、最初から「起きるはずがないもの」と考えて対処しないのと、「起きても不思議ではない」「起きたらどうするか」と考えながら研修などの準備を進めておくのとでは雲泥の差がある。研修をすることで教師同士がこうした問題を話し合えるようになり、防止に向けた機運が盛り上がるのだ。セクハラだけでなく、子どもの人権を考えるようになった教師は体罰を振るったり、子どもをないがしろにしたりするようなことをしなくなるだろう。間違いなく教育力の底上げにつながる。

教師の意識

読者の投稿では、加害者の教師側の意識の問題を指摘する意見も目に付いた。

山口県の三十代の主婦はこんな意見を寄せた。

「教師が幼い子に恋愛感情を持つというのは分からなかったし、持ったとしてもなぜ理性が働かなくなるのか、全く分かりませんでした。嫌悪感がありました。でも、読んでいるうちに、興味が出てきました。人間の弱さやおろかさを感じます。誰にでもあり得るんだな、と思いました」

さらに、この主婦はこう続けた。

「原因が教師の養成課程にあるのか、学校という閉鎖的な世界にあるのか、家庭的な問題なのか、あるいは全部なのか。私にも娘がいます。人ごとではありません」

大阪府の男性からは「『上から目線』に気付かないのは、半分以上の教師の実態だと思います」というメールを頂いた。

「定年退職した元教師がまだ社会のお役に立てると思い、町内会や各種ボランティアに参加します。上から目線でみんなに接しますから、嫌われることは当然です。結局活動から去ります。元教師の70％から80％は、教師の仲間同士で通用しても社会では通用しないと私は見立てます。『みんなワシの言う通りにしろ。分からない人には教育してやる』が実態です。聞き分けのない子どもを相手に過ごせば、誰でもこんなふうになると思います。職業病です」

私は必ずしもこの意見の通りだとは思わない。人にものを教える教師という仕事は素敵だと思うし、謙虚な姿勢で熱心に頑張っている先生もたくさん知っている。ただ、教師ばかりの閉鎖的な社会で過ごしていることが原因の一つなのではないか、と指摘する声もよく耳にする。

熊本県の主婦は「どうすればいいのか。密室をなくす、透明性を確保する……努力には限界がある。教師に社会経験を積ませられないか」と提案し、「サービス業や農業など多様な人と接し、自然に感謝することで人間性を上げられないか。社会に出て自分が『神様じゃない』と自覚してほしい」と訴えた。

こうした、教師に他の職業の研修をさせよ、といった意見はよく聞くが、それで問題が解決するだろうか。

それよりも、教師には、違った立場に置かれた人々と自由に意見交換ができるような環境が必要だと思う。そのために外部講師を招いての研修や、外部で開かれる研修会、シンポジウムなどに積極的に参加することはとても重要だろう。ところが、現場の教師からは「外部の研修会に参加しようとしたら、管理職に嫌みを言われた」といった声も聞く。むしろ、校長や教頭が積極的に後押しするぐらいでないと、教師たちはますます閉ざされた環境に置かれるようになってしまうのではないかと心配だ。

部活動

第三章で取り上げた部活動をめぐる問題にはとても大きな反響があり、部活動がわいせつ行為や体罰の温床になっているという意見は多かった。高校の保健室で相談を受ける養護教諭からは「現在進行形で相対している状況と重なります」というメールが届いた。

「生徒が一年間、性被害を受け続けた相手はスポーツの指導者でした。心身の異変に対応する中で違和感を持ち、表面上は元気になっても相談を続けて、一年を過ぎて彼女からすべてを聞きました」

信頼を築く中で、生徒はやっと打ち明けてくれた。だが「話を聞いてもらえればいい。表面化させたくない」と言う。それでも他の生徒も守る必要があった。話し合ううち「名前さえ出さなければ、校長に伝えてもいい」と気持ちが変化した。

「被害者を匿名にして、加害者を告発しようと校長、教育委員会へと話を上げましたが、被害者が名乗り出ないと動けない、と言います」

途中経過を伝えるメールからはもどかしさが伝わる。しかし、その後、学校が派遣元に連絡すると、加害者の外部指導者が事実を認めたため、被害者名は伏せたままでも加害者の処分が決まった。最近は被害者が匿名でも、事実が明確になれば処分につながるケースが出ている。

今でも娘から直接は話を聞いていない母親はこう話したという。

「うわさは消えても私も子どもも終わっていない。話してもらえないことで親として失格だとへこみ、常にあの子の言動や態度に不安になる自分が嫌です。でもなくしたものに比べたら、生きていてくれているだけで幸せだと思うことにしています」

部活動の話を中心に、教師の体罰や暴言を問題視するメールも多数寄せられた。

代表的なのは「私の子も高校の運動部に所属していました。顧問の体罰や言葉の暴力は日常的にありました。学校に相談しても改善されませんでした。子どもを支配下に置いて罵倒する。親は子どもを人質に取られているようで何も言えません」（四十代女性）といった不満だった。

茨城県の三十代の女性は「中学で同じような経験をしました。バレー部顧問は『勝たなきゃ意味ない』が口癖で、体罰も毎日。ビンタで鼓膜が破れた人も一人や二人ではありません。他の教師は黙認していました」と振り返った。

顧問は部員を「犬」と言い、「そこの二匹」などと呼んだという。

「愛情は感じられず、生徒は自分の道具でしかなかった、という思いです。セクハラもありました。腰を痛めた時、部室に一人呼ばれ、テーピングされました。パンツに手を入れられ、必要のない所まで張られました。下腹部も触られました」

この女性は当時、体罰の悩みを母親に打ち明けたが、母親の相談を受けた親類の教師に「教師の一存で内申点が左右される。事を大きくして不当に低くされたら将来にかかわる」と忠告され、何もしないままになってしまったという。女性は「ここに問題点が隠れているような気がしてなりません」と訴える。

私立校

さらに、私立学校の場合は公立より状況が複雑になる。第四章で見たように、私立の場合、学校内部での解決が基本だが、トラブルの発覚は、私立の生命線である生徒募集の結果に直結するからだ。

学校は評判が落ちて志願者が減ることを恐れ、必死になって隠そうとする。セクハラ問題ともなると、イメージダウンは必至だ。少子化の中、私立校はどこもその存続を懸けて、あの手この手で生徒集めをしている。部活動の全国大会などで活躍すると、かなり高い宣伝効果が期待できる。それだけに、成果を上げた指導者は切りたくない。だから、私立校にとって、部活動の指導者のセクハラ問題は決して触れたくないタブーだ。どんな手を使っても、問題の発覚を防ごうとするのは必定と言える。

ある私立高校の男性教師からは、私立では学校が特に悪い評判を気にするため、先輩教師のわいせつ行為を自分が告発したことが発覚した場合の校内の立場を考えて、内部告発するかどうか悩んでいる、というメールが届いた。

別の私立高校の部活動の関係者からは「女子部員から被害を相談され、校長に訴えたが、顧問はそのまま指導を続けている」という訴えが届いた。その相談内容とは、「尻や顔を触られる」「遠征中にホテルの個室に呼ばれ、マッサージを命じられた」「体調が悪い時に寮の部屋に勝手に入ってきた」「毎日、携帯電話にかけてくる」といったものだった。

私は話を詳しく聞いた上で、加害者とされる部活動の顧問の男性教師に会い、校長にも取材した。高校側は顧問の行動に問題があったことは認めたものの、「セクハラではない」という顧問の主張を受け入れ、今後は問題を起こさないと一筆取っただけで処分はしていなかった。この部は強豪で、高校は顧問の指導の腕を買っていたのかもしれない。

私は、放課後、たまたま外出した顧問を捕まえて話を聞いた。顧問は女子生徒を遠征先でホテルの個室に呼んだことや女子寮の部屋に入ったことは認めた上で、自分の行動は生徒のためだと釈明し、指導の範囲内だという趣旨の主張をした。

顧問への取材を再現しよう。

池谷「お尻も触っていたんじゃないんですか」

顧問「だって、普通、頑張れよ、とか」

池谷「ポンポンとたたく程度ということですか？」

顧問「ああ。そら、やるしさあ。だから、そういうことまで言われたら、私は何もしないで、こうやって指導するしかないのかな、ということですよ」

顧問はそう言いながら手を後ろに組んで見せた。

池谷「頑張れよ、という意味でポンポンとお尻をたたいたり、触ったりという程度のことはする、ということですか？」

顧問「やるよ、それは。でも、今はだいぶ騒がれるようになったから、やめなくちゃなんないのかな、と。だから、一切触らないで指導しましょうよ、となる」

池谷「今はどうなんですか」

顧問「その程度も駄目なら、やりませんよ、と。やってない。何もできない」

池谷「校長は、今後はそういう疑わしいことはしません、と先生から一筆取って顧問を続けさせるということだったようですが、書かれたんですか」

顧問「そこまで言うんだったら、と。何も一切、触らないで指導するしかないのかな、と」

池谷「で、今後は生徒に触ったりしませんというようなことを書かれた？」

顧問「うん。だから、もう今はしない」

そう答えた後、顧問は意外な質問をこちらにぶつけてきた。

顧問「でも、握手したらまずいと思う？」

池谷「握手ですか？」

顧問「じゃあ、ハイタッチは？」
池谷「ハイタッチはどうか知りませんけど、その延長であちこち触りまくるのはまずいんじゃないですかねえ？」
顧問「だから、もう今は俺は何もできないんだけど。ハイタッチぐらいはしてもいいのかなと思うから、してるけど」

触らない指導

神奈川大教授で教員養成に携わる入江直子さんは「部活動の指導者が教え子の体に触るのはやめるべきです。そんなことをしなくても指導できます。日本の教師は子どもに触り過ぎている」と憤る。

文部科学省が、二〇一三年に出した「運動部活動での指導のガイドライン」が、許されない指導の例として体罰やセクハラを挙げた上で、「上記には該当しなくとも、社会通念等から、指導に当たって身体接触を行う場合、必要性、適切さに留意することが必要」と強調していることに入江さんは注目する。

「よほどの必要がないと触るな、ということです。これまで指導者が『こういうやり方が当たり前』と思ってきた指導法を見直すべきです」

入江さんは「問題になる人の多くは、自分がやっていることがセクハラに当たるとは思わず、軽い意識で触ってしまう。必要以上の身体接触は避けるべきです。例えば、米国などの場合、相手が子どもでも勝手に体に触るべきではないという人権意識があって、気軽に触るようなことはしない。日本で身体接触が問題にされないことの方を問題にした方がいい」とくぎを刺す。

さらに、入江さんは部活動について、より根本的な問題点も指摘する。それは大学の教員養成課程で部活動の指導方法をきちんと教えるべきだ、という点だ。中学や高校では、教師たちが部活動に多くの時間や熱意を注ぎ、生徒たちの生活時間に占める割合も極めて高い。にもかかわらず、教員養成課程ではほとんど教わらない。入江さんはこの状況を強く問題視する。

「教師たちは我流で指導法を身につけるしかなく、伝統的な『根性論』がまかり通って科学的な指導が行われていないのが現実なんです。これだけ学校の中の比重が高いんだから、教員養成課程できちんと教えない方がおかしいでしょう」

入江さんはそう強調した。

体罰とわいせつ

主に部活動を舞台として、「体罰」と「わいせつ」は同時に行われることも多い。第三章を読んでいただければ分かるように、指導者への〝絶対服従〟が生むのは体罰だけではない。周りの目で発覚しやすい体罰に比べてわいせつは密室の被害が多く、訴えづらい。「表の体罰、裏のわいせつ」と言ってもいいかもしれない。これまで見てきたように、加害者が否定すると、学校や教育委員会は「事実が確認できない」として処分を見送ることが多い。

入江さんは、発覚した時の処分の「厳罰化」が広がったために「やっていない」と言い張る教師も増えたという意見だ。

「セクハラをするともう終わり、教師生命がなくなる、という意識は広がっている。それだけ厳罰主義が定着したということですが、だからかえって、やっていても、『やっていない』と言い張ることになるんです。にっちもさっちもいかなくなるまで否定し続ける」

決して事実を認めようとしない加害者は多い。認めれば地位を失い、身の破滅を招く。認めさえしなければ何とかなると考えるのだろう。そして、実際、何とかなってしまっているのが、今の日本の教育界の現状なのだ。

しかし、わいせつを認めない指導者も、体罰はあっさり認めて「そんなに悪いことか」と開き直る場合まである。第三章の剣道部顧問、原口達也がそうだった。

私はものすごく不思議に感じるが、学校で教師が生徒に体罰を振るうのを「悪いことではない」「仕方ない」と考える人は世の中にとてもたくさんいる。ひょっとしたら、多数派かもしれない。建前はともかく、本音を聞けば教師にも多いし、多くの親もそう思っている。私が小学生のころ、母は担任に「先生、言うことを聞かなかったらバーンとたたいてやってください」と言っていた。時代は随分違うが、こうした雰囲気は今もそう変わっていない。広島県教育委員会は「うちの子が悪ければたたいてもらっても構わない」という保護者の言葉を真に受けないように、と教師を指導している。

みんな「愛のむち」という迷信を信じ込んでいるのだ。新聞記者ですら「体罰ってそんなに悪いことですか」と言う人は結構いる。特に、体罰を受けた経験のある人には容認派が多い。そのために容認派の教師が体罰を繰り返す悪循環が続いている。学校教育法という法律が明確に体罰を禁じているにもかかわらずだ。

もともと日本はとても暴力に寛容な社会だと言えるだろう。男から女へ、大人から子どもへ、上司から部下へと、強い者から弱い者への暴力が放置され、公的な場の暴力ですら、あまり大きな問題にされないこともある。ドメスティック・バイオレンス（ＤＶ）も、虐待も、パワハラも根は同じだ。

しかも、強者の側は、暴力を振るう方が悪いとは考えない。暴力を振るわれる方にこそ問題があって、「言っても聞かないから仕方ない」となる。むしろ、「こいつのことを思って」「こいつのために」と被害者に恩を着せるような奇妙な発想で暴力が振るわれることすら珍しくない。

その分かりやすい例が、学校での体罰だ。体罰を振るうとき、大半の教師は「子どものために」と考えるのだろう。自分が権力を使って、強い者から弱い者に暴力を振るうのだ、と意識する教師はまずいない。この点に気付いていないことが大きな問題なのだ。

道を歩いていて、いきなり見知らぬ人に殴られたら、加害者は暴行罪や傷害罪に問われる。同じことを学校で教師がしても、これまでほとんど問題にされてこなかった。訴えがあっても、子どもが大きなけがをしなければ、校長や教頭は「この程度のことは」と見て見ぬふりをし、耳の鼓膜が破れるほど殴って処分されても「誤った」指導ではなく指導の「行き過ぎ」だと言う。

その背景には、教師という特別な存在の人が教え子のためを思ってやったことだから、と学校や世間が配慮する日本の教育の伝統的な構図がある。さらに、都合の悪いことは常に隠そうとする学校の隠蔽体質が加わり、これまで抑え込まれてきた。

ところが、二〇一二年十二月、大阪市立桜宮高校のバスケットボール部主将の男子生徒が顧問の教師から受けた体罰を苦に自殺したことが報道されて以来、風向きはやや変わった。マスコミが連日、大きく取り上げ、文部科学省もあらためて体罰の禁止を強調した流れを受けて、以前は「体罰はあって当たり前」と公言していたような人も、公式の場では口をつぐむようになった。

男子生徒の自殺が大きな問題となった後の文科省の調査で、二〇一二年度に公立小中高校で体罰によって処分された教師は前年度の五・六倍もの二千二百五十三人に上った。体罰教師が急に増えるはずがない。これまで隠されていたものが表に出てきたのだ。

わいせつ行為で懲戒免職になった公立小中高校の教師が一九九〇年度にわずか三人だったのに、二〇一二年度には四十倍の百十九人に達したのと全く同じ構図だ。

体罰に関しては、これだけ社会問題になったにもかかわらず、その後も職員室では次のようなやりとりが行われていると告発するメールが公立中学校の教師から寄せられた。

教師A「体罰なしで、どうやって生徒に言うことを聞かせられますか。嫌な世の中になったもんです。まあ、数カ月たてば忘れられるでしょう」

教師B「見て見ぬふりが必要な時もあります」

校長（数回うなずく）
教師A「俺は机や椅子を蹴るようにしてます」
校長「暴力は駄目ですよ。でも口の指導では何を言っても構いません」

投稿した教師は「教師は学校において絶対的な権力者です」と書き添え、「体罰を地域や保護者の一部が推奨したり認めたりしている」と、親が体罰を支持する実態も問題視した。

それでも、こうして体罰とわいせつ行為を並べて書くと、暴力に寛容な人は「体罰とわいせつ行為は違う」と言い張る。「体罰は子どものために振るうが、わいせつ行為は自分の欲望を満たすためのもので、全然、性質が違う。同列に扱うのはおかしい」というわけだ。果たしてそうだろうか。学校の部活動の指導者が体罰とわいせつ行為を同時に行うケースは珍しくない。根は同じだ。「体罰は熱心さの行き過ぎによるものだが、わいせつ行為をするのは異常者、変質者だ」と言う人は本質を理解していない。もともとの変質者だけでなく、第二章で見たように、普通の先生が学校という組織の中で変質していく場合も珍しくない。

性犯罪の加害者は「性的な欲求不満があったのだろう」という見方をされることが多い。その上、子どもへのわいせつ行為には「特別な性癖の人」というイメージがある。だから、教師のわいせつ問題には「例外的な危ない人」の犯罪という印象があるのだろう。

しかし、私が取材してきて分かったのは、わいせつ行為に及ぶ教師の中には、少なからず子どもを「支配」したいと考える人がいる、ということだった。自分の思い通りにコントロールしたいということだ。だから、体罰と根は同じなのだ。体罰だって「子どものため」と言いつつ、振るえば表面的には相手が従うから、自分のために便利な道具として使っている。あるいは、相手が自分の思う通りに動かないイライラを払いのけるために振るうのだろう。

「支配」は大きなキーワードだ。暴力と切り離せない。殺人事件が相次ぎ、社会問題化しているストーカーやDVも、交際相手や妻を自由に支配したいから行われると言っていいだろう。

そう考えると、加害者の教師が意識しているかどうかは別として、体罰とわいせつ行為が「子どもを支配する」という点で同じ構造にあると理解していただけるのではないだろうか。

子どもを支配する教師は要らない。そんな教師に教えられる子どもは不幸だ。日本の教育は子どもが秘めた力を伸ばすものであってほしいと強く願う。

おわりに

「どうしてスクールセクハラの問題に取り組んでいるんですか」という疑問をよく女性からぶつけられる。「男性なのに」という言葉が隠されている気もする。直接、そう聞かれなくても、目で問われているような気がする。

「スクール・セクシュアル・ハラスメント防止全国ネットワーク」（ＳＳＨＰ）の亀井明子さんと、東京で開かれたシンポジウムの会場で初めて出会った時もそうだった。性被害者の多くは女性だ。そのため、「女性の権利を守る」という視点からの活動に重きが置かれ、全国に百五十人いるＳＳＨＰの会員も大半が女性だ。

もちろん、シンポジウムを新聞記者が取材するのに、女も男もない。取材相手からもそんなに意識されない。ただ、会場での論議を新聞記事にするのは、いわば表面的な建前の取材だ。より深い取材をするには、公式の会が終わってからが勝負になる。主催者やパネリストが集まり、お疲れ様の会を開く。そこにうまく潜り込めるかどうかが、いい取材ができるかどうかの分かれ目だ。私は商売柄、いろんな場所に関係者のような顔をして座っているのは得意な方だが、さすがにこの日は勝手が違った。テーマはかなり深刻で、外部に出せない秘密も多い。機微を分かっている人間でないと、そこにいることはできないという雰囲気があった。

ずらりと並んだ女性たちの中に見知らぬ男が一人、という図式。当然、みんなが「あなた、何の人でしたっけ？」という顔で私を見ている。極めて居心地が悪い。何とも情けないのだが、私の第一声はこうだった。

「男ですみません」

しどろもどろになりながら自己紹介して、教育の取材を続けていることを説明した。信頼していただけたのか、その時以来、亀井さんとは十年以上の付き合いになる。

「はじめに」でも書いた通り、「学校でそんなことが許されていいはずがない」という怒りがこの取材の私の原点だ。教育行政を取材する中で問題の大きさを知り、亀井さんと出会って根深さに気付いた。そんなころに知り合ったのが第一章の横山智子さんだった。私の怒りはますます強まった。出発点はごく単純なものだった。

そこから長く取材し、ようやく一冊の本にまとめることができた。

子どもは理不尽だと思っても、大人にはなかなか「ノー」と言えない。ましてや権力を持った教師には。それが「スクールセクハラ」という人権を踏みにじる行為であってもだ。

「スクールセクハラ」という言葉はもっと世に広まってほしいと考えている。だからこの本のタイトルに付けた。

言葉は武器だ。どう呼んでいいか分からない「困った出来事」に名前を付けることは、そこに問題があることを当事者や周囲の人たちにはっきりと気付かせる効果がある。目の前にあるのに見えず、素通りしていた問題を見えるようにする効果がある。

「セクハラ」や「虐待」は、言葉が定着して初めて「確かにそういう問題はあるよね」と世間に再認識されるようになった。言葉が広がるまでは「セクハラ」は「オヤジがいやらしい目でじろじろ体を見たり、触ったりする」ようなことであり、「虐待」は「しつけの行き過ぎ」のように思われていた。言葉が広がることは、それまで「たいした問題ではないだろう」「自分には関係ない」と思っていた多くの人に関心を持ってもらって、原因に立ち向かい、解決に向けた対策を打ち出すことにつながる。

「スクールセクハラ」という言葉には、その力がある。登場したのは一九九〇年代初めだろう。「セクシュアルハラスメント」が新語・流行語大賞の新語部門金賞に選ばれたのは一九八九年のことだった。ほぼ「セクハラ」の登場とともに「スクールセクハラ」も生まれたと言っていい。

もともと「セクハラ」は、職場で定着した言葉だった。学校でのセクハラ問題も、教師たちの職場環境の改善から意識されるようになった。その後、一九九七年に男女雇用機会均等法が改正され、性的嫌がらせへの配慮義務が企業に課せられた。公務員は率先垂範すべき立場だと言える。そのため、全国の教育現場で職場環境の改善が呼び掛けられた。教職員間、多くは男性教師から女性教師へのセクハラ防止が意識されるようになり、昔なら「冗談だよ」「減るもんじゃなし」と軽く済まされていたことが許されなくなった。

そうした流れで、まず学校という職場で教師たちにセクハラが意識されるようになり、次にその延長線上で、「闇から闇」に葬られてきた教師から教え子へのセクハラやわいせつ行為が問題視されるようになっていった。

「スクールセクハラ」という言葉は、まだそれほど広まってはいないが、教育関係者の間で徐々に定着しつつあり、学校で起きるセクハラ行為に幅広く使われている。生徒同士や、教師から教育実習の大学生へ、というパターンもある。この本では、その中でも社会的に大きな問題になることが多い教師から教え子へのわいせつ、セクハラ行為に絞って取り上げた。

第一章で登場した横山智子さんは、高校時代に教師から性被害を受けて「ついて行った私も悪かったのか」と自分を責め続けていた。第三章の伊藤早苗さんは、中学校の教師から性被害を受けて、もやもやと疑問を抱えつつも、それが犯罪であることにすら気付いていなかった。一方で、いずれも加害者はその後、何年ものうのうと、平然と、偉そうに教室で教え続けていた。被害者の二人はそれが「スクールセクハラ」と呼ばれる問題なのだと知らされていたら、もっと早く対応できたのではないだろうか。子どものころの二人は、まさか教師が性犯罪に手を染めるとは思わず、そんな社会問題があることすら知らなかったのだ。

私は亀井さんとともにスクールセクハラを追ってきた。中学校教師だった亀井さんがSSHPを設立したきっかけは、同僚のわいせつ教師だった。しかし、「わいせつ」という言葉は響きが悪い。活動に広がりを持たせるため、亀井さんは団体名に「セクシュアル・ハラスメント」を選んだ。

犯罪の要素が強い「わいせつ」と、「いやらしい目で体を見られる」といった受け手側の感情的な部分まで含む「セクハラ」とでは、かなり言葉の印象に開きがあるのは確かだ。だが、被害者の立場からは、「セクハラ」と言って訴えた方が口にしやすい面もある。多くの被害者は誰にも相談できず、悩みを抱え込む。解決の糸口を求めてインターネットで検索する時、キーワードの選択は重要だ。問題の入り口だけでなく、出口につながる言葉の方がいい。「わいせつ教師問題」より、「スクールセクハラ問題」の方が幅広く問題を捉え、解決していこうという流れに乗りやすい。

それだけにとどまらない。「わいせつ教師」は加害者個人の資質の問題と捉えられやすい。しかし、「スクールセクハラ」は学校という組織の体質に問題があることを浮かび上がらせる言葉だ。単に悪い教師を見つけて懲戒免職にしただけでは、この問題は解決しないのだが、教育界には問題を矮小化《わいしょうか》し、「個人犯罪」にしたがる傾向がある。

「困ったことだが、どんな組織にもおかしなやつはいる」「一部の不心得者のために教師全体が厳しい目で見られるのはおかしい」。こういう声は教育関係者を中心によく聞かれる。文部科学省や教育委員会の担当者ですら時々、そうした本音を漏らす。

ある県の教育委員会と記者クラブとの懇談会で教育長が「一部の不心得者だけが問題で……」と発言し、私が異を唱えると、和やかだったその場の空気は凍り付いた。

実際、本音では「そこまで騒ぐようなことか」と考える教育関係者は少なくない。セクハラ研修を受ける教師にすら、「自分はそんなことはしないのに、時間の無駄だ」と考える人もいる。この問題を取り上げること自体に「教師を悪く言うな」「教育現場が萎縮する」と見当外れの批判を寄せる人もいるほどだ。世間と学校の認識には大きなずれがある。

もちろん、大半の先生が真面目に、一生懸命に子どもを教えているのは確かだ。しかし、「多くの先生は真面目だからことさら問題にする必要はない」というのは、明らかに論理のすり替えだ。私はそういう問題ではないと思ってこの取材を進めてきた。学校現場に無関心と自己保身の気持ちが蔓延《まんえん》している限り、この問題はなくならない。

この取材で目指すべき一番の目標は、学校からわいせつ教師を出さないことだ。そのためには、スクールセクハラに対する罰則と対策を盛り込んだ「スクールセクハラ防止法」を制定できないだろうかと願う。しかし、仮に法律を作ったところで事件は起きる。地道に対策を進めるにはどうしたらいいだろうか。

そのために私にできることは、本書をまとめる作業だった。この本に書いたことは、いわば将棋の「感想戦」のようなものだ。プロ棋士が対局を終えると、ビデオを巻き戻すように、「ここでこの手を指した理由は」「こうしていれば」と振り返ってお互いに意見を言い合う。ついてしまった勝負の過程を分析するわけで、勝ち負けとは関係ないが、次に生かすための検討材料にするのだろう。それと同じように、受けてしまった被害は消せないが、過去の事件を振り返って、次の事件を防ぐためのヒントはないか、と探るのが狙いだった。

同時に、被害を受けながら、それを長年、場合によっては何十年も抱えて誰にも言えずにきた人たちの心を少しでも癒やせないか、というのも、もう一つの狙いだった。同じような経験をし、自分は闘えなかったけれど、言いたかったことを書いてくれた、という人が新聞連載時には何人もいた。

本にまとめてみて、この二つの狙いはとりあえず達成できたのではないかと考えている。

実は、書くに際しては、それだけにとどまらず、教師の持つ権力を考え直すことで、日本の教育全体を見直したい、という大きな野望を持っていた。逆に言えば、教育を見直すための切り口として、許されないことだと明確に分かるわいせつ教師の問題を使ったと言ってもいい。日本の教師と教え子の関係性を示すヒントが、ここに凝縮されていると考えるからだ。

生徒の個性を伸ばすのでなく、支配し、思い通りに人格をつくり上げようとする意識が子どもの権利を奪い、抑圧しているのに、それに気付かない教師の実態を伝えることによって日本の教育が変わることを期待した。

「先生は絶対に正しい」と信じ切るのではなく、やや斜めに、「本当かなあ」「なんか変だなあ」と疑いながら、自分の頭で物事を考える子どもたちが増えてくれれば、望外の喜びだ。

教育問題を取材してきて、欧米や中国などの諸外国に比べ、日本人が自分自身を評価する「自己肯定感」が極めて低いことが、ずっと引っかかっている。その極端な低さを具体的に示す調査もいくつかあるが、日本の学校教育の在り方が大きく影響しているのではないかと思う。教わったことを暗記して点数を追い、優劣を競うだけが教育ではないだろう。ひょっとしたら、日本人が年間三万人も自殺する原因の一つに、学校教育で身につけた自己否定的な考え方があるのではないか、という気すら私にはしてくるのだ。

だから、一番読んでほしいのは子どもたちだが、正直に言うと、その意味では、もともと発表したのが新聞だった点で、やや弱みがあった。今、新聞記事はなかなか若者や子どもたちの目に届かない。女子小中学生に人気の雑誌「ニコラ」（新潮社）に、亀井明子さんのスクールセクハラについての記事が載った際には、子どもたちから多くの相談電話がかかってきたという。本書が子ども向けのメディアや教育関係者から広く紹介され、子どもたちの目に触れることを祈る。そして、理不尽な行為には毅然《きぜん》として「ノー」と言っていいんだと伝わるように願う。

わいせつ教師たちは今、この瞬間も教室で教えている。悲惨な被害を防ぐことを目指すと同時に、日本の教育が子どもに教師の考えを押し付けるのでなく、子どもの中にある力を伸ばすような形になるように、今後も力を尽くしたいと考えている。

取材では多くの方の協力を得た。当時、共同通信社会部長で、六十五回に及ぶ長期連載を認めていただいた石亀昌郎氏と、デスクを務めてくれた同僚の山田昌邦氏には感謝する。連載で毎回付けたイメージ写真は写真家の中藤毅彦氏にお願いし、写真部デスクの金子武史氏が選んでくださった。表紙と各章の扉の写真は中藤氏の撮影だ。この本と同様に長期連載をまとめた『死刑でいいです―孤立が生んだ二つの殺人』（共同通信社、新潮文庫）を出した際から私に注目し、出版に力を貸してもらった幻冬舎の編集者、大島加奈子さんにも謝意を表したい。そして何より、ＳＳＨＰの亀井明子さんと入江直子さん、氏名は明らかにできないが、自分の体験を包み隠さず語ってくださった方々のご協力なしにはこの本は成り立たなかった。皆さん、本当にありがとうございました。

二〇一四年九月

池谷孝司

新聞連載は東奥日報、茨城新聞、千葉日報、山梨日日新聞、新潟日報、静岡新聞、岐阜新聞、福井新聞、大阪日日新聞、日本海新聞、中国新聞、山口新聞、四国新聞、愛媛新聞、高知新聞、徳島新聞、佐賀新聞、大分合同新聞、熊本日日新聞、琉球新報、毎日新聞（四国版）の21紙に掲載されました。「スクール・セクシュアル・ハラスメント防止全国ネットワーク」の相談電話は06（6995）1355、毎週火曜、午前11時から午後7時まで。この本へのご意見、ご感想はsha.himei@kyodonews.jpまで電子メールでお寄せください。

著者略歴

池谷孝司《いけたに・たかし》

1988年共同通信社に入社。松江支局、広島支局、大阪社会部を経て95年から本社社会部で文部科学省や東京地検を担当。大阪社会部次長の後、本社社会部次長となり、2014年7月から宮崎支局長。著書に『死刑でいいです―孤立が生んだ二つの殺人』（編著、共同通信社、新潮文庫）、『ルポ 子どもの貧困連鎖―教育現場のSOSを追って』（共著、光文社）がある。

スクールセクハラ

なぜ教師のわいせつ犯罪は繰り返されるのか

2014年10月10日 第1刷発行

著者 池谷孝司

発行者 見城 徹

GENTOSHA

発行所 株式会社 幻冬舎

〒151-0051 東京都渋谷区千駄ヶ谷4-9-7

電話 03-5411-6211(編集) 03-5411-6222(営業)

振替 00120-8-767643

印刷・製本所 株式会社 光邦

ISBN978-4-344-02651-3 C0095

幻冬舎ホームページアドレス http://www.gentosha.co.jp/

この本に関するご意見・ご感想をメールでお寄せいただく場合は、

comment@gentosha.co.jp まで。

JASRAC 出1412305-401